JN025313

ヘルスケアビジネスのための

実録 景品表示法

最新の景表法&薬事法の課徴金対策がわかる

(株)薬事法ドットコム社主
(一財)医療グループJTA理事長
林田 学

ダイヤモンド社

はしがき

私が２店舗の時代からサポートしたRIZAPは、テレビで史上初とも言われたビフォーアフターCMを実現すると、一気に売上を加速させた。

その際にはビフォーアフターの根拠、本当に「結果にコミットできるのか」がテレビ局から厳しく問われ、私がディレクションして用意したエビデンスがモノを言った。

このように、健康効果や美容効果に対する消費者の関心は高く、それを巧みに訴求すると、売上は一気に伸びる。

私がコンサルをした、ある化粧品のベンチャー企業も、シミに対する効果を巧みに訴求して売上を10億円から100億円へ、10倍に伸ばした。

しかし、そういう訴求がウソや作りであってはならないことは当然で、そのためのゲートキーパーとして景表法がある。景表法とは、景品表示法の略で、正式名称は「不当景品類及び不当表示防止法」といい、不当な表示や景品などから消費者の利益を保護するための法律である。

健康効果や美容効果を強く訴求する商品広告がどんどん拡大する中、お目付け役として景表法が果たす役割は大きい。

だが、国の立場からすると、景表法がここまで重要になってくるとは思いもよらなかったことで（そのせいか、景表法の担当官庁は2009年設立の新設官庁である消費者庁となっている）、法の整備が追い付いておらず、規制のブラックボックス、裁量の世界がとても大きい。

たとえば、景表法違反のペナルティとして措置命令というものがあるが、そこにはいつも「事業者から資料は提出されたが、合理的なものとは認められなかった」としか書かれておらず、「何がどう合理的でないのか？」「合理的なものにするにはどうしたらよいのか？」が全くわからない。ちゃんとやりたくても指針が得られない。

景表法違反のペナルティとして2016年４月からは課徴金制度も始まり、

2億円を超える巨額の課徴金が課されるようになってきたが、それでも依然としてブラックボックス、裁量の世界は変わらない。

しかし、これではヘルスケア産業が健全に成長することはなく、ひいては消費者にとってもマイナスが大きい。もっと規制の透明化・具体化が必要だ。

私は、ヘルスケアに関するよくわからない規制を透明化・具体化し、事業者が適切に売上UPできるようナビゲートすることを目的として、株式会社薬事法ドットコムを主宰している（オーナー）。

私はもともと法律の分野で大学教授や弁護士をやっていたが、その後、医療統計をハーバードメディカルスクールの通信教育などで学習し（単位取得）、いろんな企業のプロモーションをサポートしてマーケティングを実践で学び（特に1998年から約6年、やずやの広告をすべてチェックし売上を30億円から470億円に伸ばすプロセスに携わったことは大変役に立った）、現在はエビデンス・リーガル・マーケティングの三位一体のコンサルティングを展開している。

景表法は広告の根拠を問う法律なので、エビデンスやマーケティングの知識が必要不可欠となる。

「アフィリエイトサイトで、このサプリを飲んで毎日10分間の歩行をすれば1カ月で3キロ痩せる、と訴求しているが、これは景表法違反ではないのか？」

このような問いに対しては、どんなに深い法律知識があったとしても、それだけで答えることはできない。

「サプリ＋毎日10分間の歩行⇒1カ月3キロ減」と言うのに、どういうエビデンスがあればよいのか？　このリーガルとマーケティングとエビデンスの知識がなければ、先ほどの問いには答えられない。

そこで私は、法律専門家・エビデンス専門家・マーケティング専門家の知を薬事法ドットコムという組織に集結させる仕組みを構築し、社会のニーズに応えられるようにしている。

結果、これまで措置命令関係だけで120件を超えるご相談を受け、多くのケースにおいて景表法をクリアーする広告手法を考え、そのためのエビデンス作りを実践している。
こうした現場を経験することにより、当局が全く明らかにしていないブラックボックスがどのようなものであるかをほぼ掌握できるようになった。
こうして私が収集した情報を、社会にわかりやすく伝えるためにこの本を上梓することにした。

なお、私は2016年９月に河出書房新社から『景品表示法の新制度で課徴金を受けない３つの最新広告戦略』を出版しているが（以下、「前著」と言う）、その後、景表法違反フローは一層拡大かつ厳しくなり、また、当初は始まったばかりであった課徴金制度も動き出し、さらに、日産自動車に対する課徴金命令事件では、異議申し立てで消費者庁が負けるという異例の事態も発生し（2020年5月には株式会社ユニヴァ・フュージョン社に対する措置命令が取り消されるという事態も発生）、2016年当時とは全く異なるフェーズに突入している感がある。

最近、「情報の非対称性」ということがよく言われるが、景表法の世界はまさにそうで、健康美容訴求に対する社会のニーズは高まる一方なのに、当局から発せられる情報はあまりにも少なすぎる。
2021年８月から薬機法違反（虚偽誇大広告）にも課徴金が課されることになり、情報公開のニーズはますます高まっている。
本書がこの「情報の非対称性」を補う一石となれば幸いである。

目次

第２部　有利誤認

プロローグ

大正製薬の怒り

2019年7月4日、大正製薬は次のようなニュースリリースを発表した。

「本日、消費者庁から当社に対して当社製品パブロンマスク365（以下、パブロンマスク）の光触媒の効果に関する表示について問題があるとして、措置命令が出されました。当社としては、パブロンマスクについては、光触媒が有するウイルス、細菌、花粉の除去の効果に関する科学的根拠に基づいて製品開発を行い、その合理的な根拠に基づいて製品パッケージ表示していると認識しており、消費者庁から措置命令が出されましたことは誠に遺憾であります。今回の措置命令の指摘事項は、当社が消費者庁に提出した科学的根拠を全く無視した内容で、合理的なものでないと考えております。今後、法的に採り得る対応・措置を検討中です。」

花粉対策マスクの広告に対して、「合理的な根拠がない」として同日、消費者庁が下した大正製薬他4社に対する措置命令に関して「合理的なものでない」と切り返すもので、「お上に逆らう」のを良しとしない日本の企業風土からすると、異例のリリースといえる。

措置命令が出された大正製薬の「パブロンマスク365」

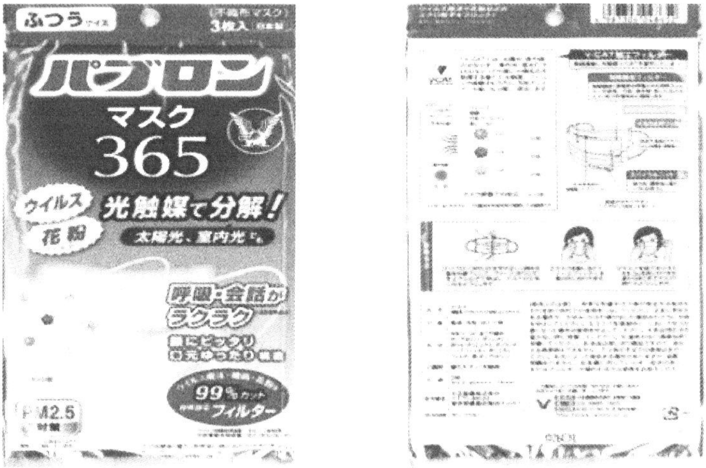

しかし、同じような事件が実は、2014年３月27日にも発生していた（資料01・139ページ）。

同日、空間除菌剤を発売する17社に対して下された措置命令に対して、17社の中の1社であるクレベリンを発売する大幸薬品が怒りのニュースリリースを発表したのだ。

この事件には、消費者庁が「そんなことを言っているのなら更なる処分を検討する」（措置命令を２回受けると刑事罰となる）と述べて、同社が謝罪したという後日談もある。

なぜ、このようなことが繰り返されるのかというと、その大きな原因は景表法違反の追及フローが、ほとんど公開されていないことにある。

大正製薬事件の措置命令の核心部分はこう書かれている。

「消費者庁は、景品表示法第７条第２項の規定に基づき、４社に対し、それぞれ、期間を定めて、当該表示の裏付けとなる合理的な根拠を示す資料の提出を求めたところ、４社から資料が提出された。しかし、当該資料はいずれも、当該表示の裏付けとなる合理的な根拠を示すものとは認められないものであった。」

これは措置命令の言わばテンプレートで、いつも「資料は提出されたが、合理的な根拠を示すものとは認められないものであった」と切り捨てられ、「何がどう合理的でないのか？」は全く示されない。

結果、当事者は納得できないし、今後の広告のあり方にも何の指針も与えない。だから同じようなことが繰り返される。

ただし、消費者庁の立場に立って考えると、彼らには次のようなロジックがありうると考えられる。

1. 景表法違反追及フローを詳しく公開しろなどということは、法律には全く書かれていない。
2. むしろ、法は措置命令に対して、消費者庁に対する異議申し立てという簡単に争える手続を用意している。
3. つまり、簡単に争えるようになっているから簡単に措置命令を下すことは許されている。

確かに、制度のロジックはその通りで、この制度の非公開性が一方的すぎることを憲法違反と争っても勝てないだろう。しかし、現実はこの制度のロジックとはかけ離れている。

措置命令が下されると、消費者庁はそれをプレスリリースし、プレスは確実にそれを報道する。その結果、実際上は、企業はここで大きな信用失墜の損害を受ける（2012年８月31日、措置命令を受けた東証一部上場のドクターシーラボ社は措置命令公表による株価の下落で50億円の損失を受けたとも言われている）。

「簡単に争えるなら簡単に措置命令を下すことも許される」という制度ロジックで押し切られたのでは、企業としては「たまったものではない」というのが現実論だ。

「逮捕されても裁判で有罪とされるまでは推定無罪なのだから、簡単に逮捕されることも許される」という制度ロジックで押し切られたとしたら、誰しも「たまったものではない」と思うだろうが、措置命令が下されたことがネットに必ず出てその後も残ることや、措置命令の後に課徴金も課されるようになっている今、この「たまったものではない」という意識は単なる感情論を超え、社会的に考慮されるべき問題だと思う。

予備知識
あらかじめ知っておきたい5つのポイント

これから本書にしばしば登場する法的概念について、あらかじめまとめておこう。

①規制の対象は景品と表示

景表法とは、景品と表示を対象とする法律で、公正な競争を確保することを目的としている。過剰な景品やうその表示で競争に勝つことは、公正とは言えないので、その辺りを規制するものだ。「表示」には広告のほか、商品パッケージやカタログ・会報など消費者に向けてアピールするすべての媒体が含まれるが、本書は「表示＝広告」という前提で話を進める。

②優良誤認と有利誤認

①で述べた"うその表示"は「不当表示」と呼ばれる。そして不当表示には「優良誤認」と「有利誤認」の２種類がある。優良誤認とは、品質など商品の内容について欺瞞的な表示を行う場合だ。

たとえば、痩身効果のエビデンスなどないのに「確実に痩せるダイエットサプリ」と表示する場合が該当する。

有利誤認とは、価格などの取引条件について欺瞞的な表示を行う場合をいう。

たとえば、「通常１万円のところ、今なら3,000円」と表示しているものの、１万円での販売など、そもそも行っていない場合などだ。

③不実証広告規制

商品の内容に関する表示が実際に違うということ（つまり優良誤認）は、以前は行政が立証しなければならなかった。だが、それがボトルネックになって優良誤認の取り締まりが進まないことから、

2003年に法律が改正され、事業者側が「表示は実際とたがわない」ということを立証しなければならなくなった。これは「不実証広告規制」と言われる。

このルールのもと、現在は行政が怪しいと思う表示について合理的根拠を示すよう事業者側に要求し、その根拠が示されなかったと行政が判断したら、それで「優良誤認」となる。

④措置命令

景表法違反が認定されると、行政は措置命令を下すことができる。これは事業者に対しその誤認を与える表示をやめさせ、謝罪広告などを命じるものだ。措置命令は2009年、景表法の所轄官庁が公取から消費者庁に移った際に、「排除命令」から名前を変えたものである。さらに、2015年４月からは、自治体からもこの措置命令を下せるようになっている。

⑤課徴金命令

2016年４月よりスタートした。措置命令対象となった広告からの売上の３%を徴収される。ただし、制度が始まった2016年４月以降のものに限る。また、その売上が5,000万円未満の場合、相当な注意を怠ったとはいえない場合は除外される。

第1部　優良誤認
Chapter 1

優良誤認を追及するフロー

LED事件と打消し表示報告書

2012年6月14日、消費者庁はLED14社の広告に措置命令を下した。

LED電球のパッケージ表示例

【蛍光色タイプの商品パッケージの表示】

〈左側面〉　〈前面・右側面〉　〈上面・下面〉

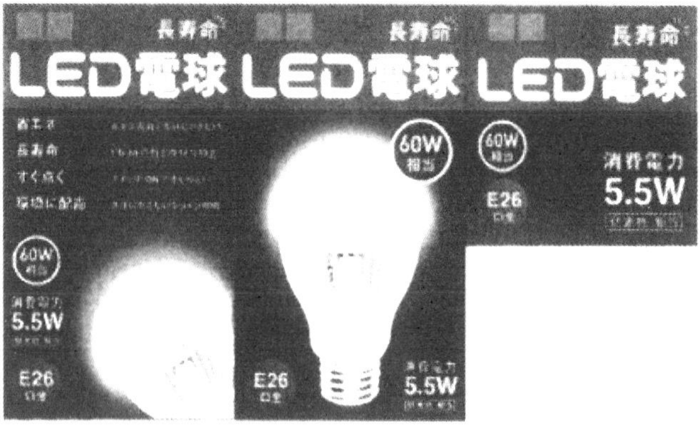

【電球色タイプの商品パッケージの表示】

〈左側面〉　〈前面・右側面〉　〈上面・下面〉

LED電球の明るさの性能の表示例

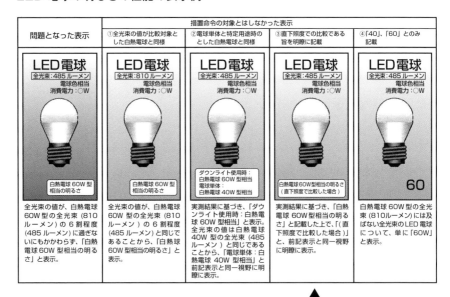

問題となった表示	措置命令の対象とはしなかった表示			
	①全光束の値が比較対象とした白熱電球と同様	②電球単体と特定用途時のとした白熱電球と同様	③直下照度での比較である旨を明瞭に記載	④「40」、「60」とのみ記載

全光束の値が、白熱電球60W型の全光束（810ルーメン）の6割程度（485ルーメン）に過ぎないにもかかわらず、「白熱電球60W型相当の明るさ」と表示。	全光束の値が、白熱電球60W型の全光束（810ルーメン）の6割程度（485ルーメン）と同じであることから、「白熱球60W型相当の明るさ」と表示。	実測結果に基づき、「ダウンライト使用時：白熱電球60W型相当」と表示。全光束の値は白熱電球40W型の全光束（485ルーメン）と同じであることから、「電球単体：白熱電球40W型相当」と前記表示と同一視野に明瞭に表示。	実測結果に基づき、「白熱電球60W型相当の明るさ」と記載した上で、「（直下照度で比較した場合）」と、前記表示と同一視野に明瞭に表示。	白熱電球60W型の全光束（810ルーメン）には及ばない全光束のLED電球について、単に「60W」と表示。

どのLEDの広告も「60W相当の明るさ」とだけ訴求していたが、1社だけ「直下照度で比較した場合」という限定を付けセーフとなった。この措置命令では、限定を付ける場所・条件として「同一視野で明瞭な表示」と記述されていた。また、2008年に公正取引委員会が公表した「打消し表示の報告書」には、「字の大きさは最低8ポイント」という条件が示されていたので、これで一つの広告の作り方の規格が出来上がったように思えた。

ところが、消費者庁はその後規制を強化し、2017年7月14日、2018年5月16日、2018年6月7日と、3回も「打消し表示に関する報告書」を公表し、注記方式に大きな制限を加えた。

つまり、キャッチ＋限定という広告構成の場合は、限定がキャッチと同じくらい目立たなければならないとして、「同一視野に明瞭な表示。字の大きさは8ポイント」という考え方は完全に通用しなくなった。

この考え方によると、たとえば、「－8キロ減」と大きく示したら、「食事制限を併用した結果」との限定もキャッチと同じくらい目立つように書かなければならないことになる。
以上のことを踏まえた上で、まずは優良誤認のフローを押さえておこう。

優良誤認の責任追及フロー

2003年に始まった不実証広告規制により、消費者庁から声がかかった事業者は、問題のないことを証明しなければならない。
大体、次のようなフローとなる。

図表A　優良誤認の責任追及フロー

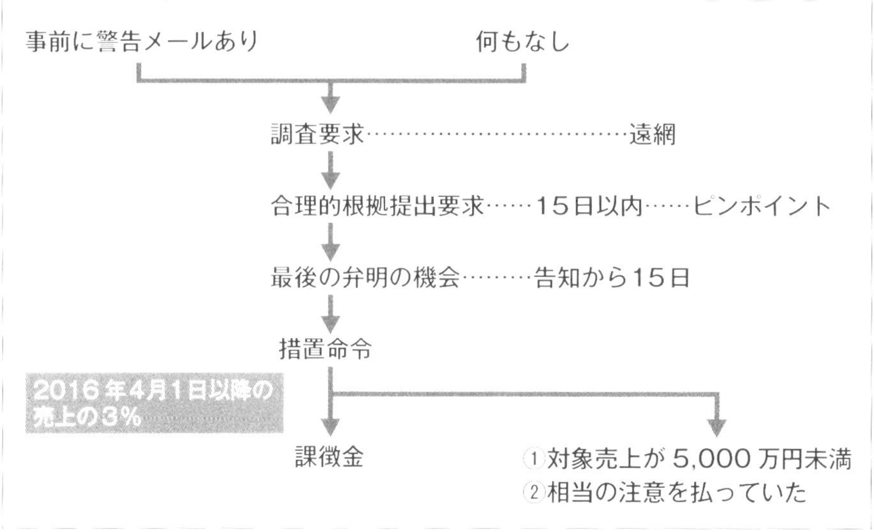

消費者庁から届いた警告メールの中身

ある日突然、消費者庁から問題とするサイトのURLを示した警告メールが届くことがある（資料02・140ページ）。

このためのパトロールについて消費者庁は一部外部委託しているようで、この警告をもらう業者の数はとても多い。

これに対応しなければ、次のステップに進むというわけではないが、目を付けられたサイトをそのまま放置しておくのはリスキーなので、どこをどう直せばよいのか、どこにどういうエビデンスを備える必要があるのか、検討する必要がある。

なお、東京都など自治体がこういう警告メールを発するケースもあるが、自治体の場合は対象サイトのURLが示されておらず、一般的な警告に留まっている（資料03・142ページ）。

調査要求

上記の警告メールは表示対策課・電子商担当が発するものだが、景表法追及を担当する表示対策課・調査官から突然調査の依頼が来ることがある（資料04・143ページ）。

調査官は、まず問題と見ている広告内容を示し、その広告に関する資料、及び会社の資料、商品製造から販売のルート、広告の作成から実施のフローなどを報告させる。その期間は大体２週間くらい。

最も重要なのはエビデンス

この中で最も重要なのは、資料04の２(7)「表示内容で謳っている効果・効能の根拠となる資料」つまりエビデンスだ。ここでエビデンスを出しておかないと、後々その提出を認めてくれなくなる可能性がある。

というのも、不実証広告規制の通知の中にこういう記述があるからだ。

「第３「合理的な根拠」の判断基準

１ 基本的な考え方

商品・サービスの効果、性能の著しい優良性を示す表示は、一般消費者に対して強い訴求力を有し、顧客誘引効果が高いものであることから、そのような表示を行う事業者は、当該表示内容を裏付ける合理的な根拠をあらかじめ有しているべきである。」

従前はここの運用は甘かったが、最近は厳しくなっている。それゆえ、不完全でもよいので、広告段階でエビデンスを備えておくことをお勧めする。

以前、小顔矯正の景表法違反が問題となったケースで、我々は調査要求後２週間で小顔矯正のエビデンスを作ったことがあったが、それは小顔の広告のエビデンスとして通用した。しかし、現在は、調査要求の声がかかる前に何らかのエビデンスを備えておく必要がある。

コンプライアンス体制に関する７つの質問

調査要求のフェーズにおいて、必ずコンプライアンス体制の調査が行われる。

これは、2014年11月14日に内閣府告示276号として出された「事業者が講ずべき景品類の提供及び表示の管理上の措置についての指針」に基づくもので（資料05・148ページ）、次のような内容がヒアリングされる。

① 社内で景表法の周知・啓発を行っているか？
② 景表法を尊守するための手順書（マニュアル）を作成しているか？
③ 本件表示（広告）の根拠となる情報を確認したか？
④ ③の情報を社内で共有できるようにしていたか？
⑤ 表示を管理する責任者を決めていたか？
⑥ ③の情報を事後的に確認できる措置（保管など）を採っているか？
⑦ 景表法違反の事案が発生した場合どのような対応を採るかを想定しているか？

景表法対策の専門機関と構築するコンプライアンス体制

以上のうち、①については、定期的に社内セミナーを行っていればOKで、これはたとえば我々のような専門機関に依頼していただければよい。②については、広告案を景表法の見地から、誰がどうチェックするかがマニュアル化されていればよい。

こうした景表法的観点からのチェックは、薬事法ドットコムでも提供している。

そこで事業者は、たとえば次のようなフローを広告作成・出稿マニュアルとして作っておけばよい。

広告案作成

↓

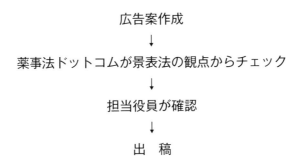

薬事法ドットコムが景表法の観点からチェック

↓

担当役員が確認

↓

出　稿

ここで重要なことは、景表法のチェックは法的知識だけではまかなえないということだ。広告とエビデンスの対応性や、エビデンスとしての適格性もチェックする必要があるので、エビデンスに関する知識も要する。

そして、景表法第7条1項を満たす指針にのっとり、このマニュアルの中に社内の景表法責任者(⑤)を明記し、また、チェックした書類の保管方法(⑥) ――　たとえば「7年保管」など――を定めておけばよい。

最後に、それでも景表法違反の事案が発生した場合(マニュアルに従ってチェックに出すことなく出稿したような場合など)にどうするかを定めておく。これはたとえば、「薬事法ドットコムと相談して是正案を講じる」というような内容にすればよい。

また、景表法責任者(「表示等管理責任者」と呼ばれる)は、次の要件を満たす必要がある。

①自社の表示等(すなわち広告)に関して監視・監督権限を有していること。
②責任者が複数存在する場合、それぞれの権限または所掌が明確であること。
③景表法の研修を受けるなど、景表法に関する一定の知識の習得に努めていること。
④責任者を社内において周知する方法が確立していること。

景表法責任者は、必ずしも専任である必要はなく、たとえば、法務、総務担当者が通常業務の一環として担当してもよい。小規模な事業者においては、代表者が景表法責任者を務めることも可能である。

コンプライアンス体制の報告例

コンプライアンス体制の報告の例を示すと、次ページの図表Bのようになる。

図表B　コンプライアンス体制の報告例

●景品表示法第26条第1項の規定に基づく必要な措置（以下、「管理上の措置」という。）
貴社において採られている管理上の措置について、各事項それぞれについて具体的に下表に記載してください。
なお、既存の資料がある場合は、当該資料の提出をもって記入に替えることができます。

事項（注）	当社における対応状況
1　景品表示法の考え方の周知・啓発 貴社は、景品表示法第4条の規定に基づく告示に違反する景品類の提供及び景品表示法第5条に違反する表示(以下「不当表示等」という。)の防止のため、景品表示法の考え方について、景品類の提供又は自己の供給する商品若しくは役務についての一般消費者向けの表示(以下「表示等」という。)に関係している役員及び従業員(※)にその職務に応じた周知・啓発を行っていますか。行っている場合には、具体的な取組状況を、行っていない場合にはその旨を記載してください。 ※表示等の内容を決定する又は管理する役員及び従業員のほか、決定された表示内容に基づき一般消費者に対する表示(商品説明、セールストーク等)を行うことが想定される者を含みます。	全広告担当者には薬事法有識者会議株式会社が運営するコスメ薬事管理者講座の受講、資格取得を徹底しています。また表示管理者責任部門である経営企画部担当者、広告担当部門長が薬事法ドットコム社主催の景品表示法に関するセミナーを定期的に受講しその内容を全担当者に共有することにより景品表示法の考え方の周知・啓蒙に努めています。今後はさらなる知識強化の為、定期的な社内講習会により全社員のさらなる意識向上を徹底してまいります。
2 法令遵守の方針等の明確化 貴社は、不要表示等の防止のため、景品表示法を含む法令遵守の方針や法令遵守のためにとるべき手順等を明確化していますか。行っている場合には、具体的な取組状況を、行っていない場合にはその旨を記載してください。	不当表示等防止のために以下の手順を定めています。 1）表示に関する監視機能として表示責任部門(経営企画部)を設置。 2）広告担当者は表示に関する確認はすべて広告担当部門長へチェックを依頼。 3）広告担当部門長にて確認のうえ、表示責任部門である経営企画部担当者へ確認を依頼⇒この二重チェックをクリアしたもののみ表示可能としています。 4）広告担当部門長および経営企画部で判断ができない表示に関しては、薬事法ドットコム等の専門機関に確認を行います。 今後はこのフローをさらに徹底して行うと共に、広告担当部門長、表示責任部門の景品表示法に関する知識向上に努めてより一層の確認の徹底と管理体制の強化に努めてまいります。

事項（注）	当社における対応状況
3　表示等に関する情報の確認 貴社は、本件表示を行う際、その根拠となる情報を確認しましたか。確認した場合には、具体的な確認状況を、確認していない場合にはその旨を記載してください。	広告担当部門長、および経営企画部では常に保管・管理している根拠資料と照らし合わせて確認をしています。不明な場合は薬事法ドットコム等の専門機関に根拠との照合を依頼、必要に応じて根拠となる調査も行い根拠となる情報確認を徹底しています。
4　表示等に関する情報の共有 前記３において確認していたと回答した場合、貴社は、前記３のとおり確認した情報を、「本件表示」に関係する各組織部門が不当表示等を防止する上で必要に応じて共有し確認できるようにしていましたか。行っている場合には、具体的な取組状況を、行っていない場合にはその旨を記載してください。 前記３において確認していないと回答した場合には「該当なし」と記載してください。	広告担当者は表示責任者からのフィードバックを担当者ごとに管理し、広告担当部門内の定例会議において報告することにより部門内での情報共有に努めています。また、表示責任者である経営企画部からも全社会議の中で確認した事例の共有を行っており、広告担当部門以外の全社的な不当表示防止のための取組を実践しています。
5　表示等を管理するための担当者等を定めること 貴社は、表示等に関する事項を適正に管理するため、表示等を管理する担当者又は担当部門（以下「表示等管理担当者」という。）を定めていますか。 定めている場合には具体的な担当者名又は担当部門名を、定めていない場合にはその旨を記載してください。 なお、表示等管理担当者を定めているというためには、以下の事項を満たす必要があります。 (1)表示等管理担当者が自社の表示等に関して監視・監督権限を有していること。 (2)表示等管理担当者が複数存在する場合、それぞれの権限又は所掌が明確であること (3)表示等管理担当者となる者が、例えば、景品表示法の研修を受けるなど、景品表示法に関する一定の知識の習得に努めていること (4)表示等管理担当者を社内において周知する方法が確立していること	表示管理については、経営企画部を責任担当部門として適正な管理に努めています。 加えて、広告管理部門長も確認することによる二重の体制を構築し対応しています。経営企画部および広告管理部門長は薬事法有識者会議株式会社が運営するコスメ薬事法管理者講座の受講、資格取得を行い、また定期的に薬事法ドットコム社が主催するセミナーを受講し景品表示法の知識習得に努めています。また経営企画部および広告管理部門長は自身で判断できない表示等に関する事項は随時薬事法ドットコム等の専門機関に都度相談をしています。ここで得た知識は定期的な会議の場で全社員に報告共有を行います。 今後は引き続き責任担当部門である経営企画部を中心に景品表示法に関する知識を深めるとともに、人員も増強し表示等管理の更なる徹底を行っていく所存です。

事項（注）	当社における対応状況
6　表示等の根拠となる情報を事後的に確認するために必要な措置を取ること 貴社は、「本件表示」について、前記3のとおり確認した情報を事後的に確認するために、具体的にどのような措置(例えば、資料の保管等)を採っていますか。採っている場合には、具体的な対応状況（資料の保管方法・保管期間等）を、採っていない場合にはその旨を記載してください。	資料はPDF化し、7年保管するようにしています。
7　不要な表示が明らかになった場合における迅速かつ適切な対応 貴社は、貴社の供給する商品又は役務に関する表示又は景品類の提供において、景品表示法違反又はその恐れがある事案が発生した場合、どのような対応を採ることを想定していますか。想定している対応がある場合には、その対応の内容を具体的に記載してください。	薬事法ドットコム等の専門機関に確認を行い、助言指導を受けたうえで、販売の一時中止、景品表示法違反又はその恐れのある表示の取り下げなど適切な対策を行うよう致しております。

注:「事業者が講ずべき景品類の提供及び表示の管理上の措置についての指針」（平成26年11月14日内閣府告示第276号）で示す事項であり、その詳細は別添の同指針記載のとおり。

コンプライアンス体制の整備でダメージを最小限に抑える

一口に景表法違反といっても、行政指導を受けて終わるのと、措置命令まで至るのとでは雲泥の差がある。措置命令を受けると、後に述べるように信用失墜が大きく、消費者からの返金要求もありうる。

他方、行政指導なら公表されることはないので、措置命令を受けたときのようなダメージはない。

まして、措置命令の後に課徴金がつくとなると、ダメージはさらに大きくなる。

景表法違反を疑われないのがベストではあるが、最悪でも、行政指導で終わりたいというのがプレーヤーの本音だろう。

その際に意味を持つのが、前述したコンプライアンス体制の整備だ。この体制が整っていれば、違反を疑われる事案が「たまたまマニュアル通りに行われなかった」と評価されるケースもあり、そうなると行政指導に傾くからだ。

まだこの体制を整えていないのなら、1日も早く整備すべきである。

調査要求の次のステップ：合理的根拠の提出要求

これまで説明してきた調査要求で、セーフとなることもある。

私どもが関わったケースでは、調査要求に関し1年くらいやり取りしてセーフになった事件もある。

他方、小顔矯正の事件では、調査要求の回答をGW明けに提出し、その年、何の音沙汰もなかったのでこれでセーフかと思いきや、年が明けた1月に、次のステップとなる合理的根拠の提出要求が来た。

合理的根拠の提出要求は通常、消費者庁長官名で捺印も押され、郵便で送られる。調査要求よりも広告表現を絞ってその根拠を問うて来る。

提出要求から回答書提出までの期間は、原則15日だ。

提出した回答が十分だと認められれば、それで一件落着になる。しかし、回答書が不十分とされた場合は、行政指導として注意処分が下るか、措置命令かという流れになる。

調査要求の対象と合理的根拠の提出要求の対象

調査要求の対象と合理的根拠の提出要求の対象が一致しないケースもある。

調査要求で提出された資料から、調査要求の際はターゲットとならなかった新たなターゲットを見つけた場合はそうなる。我々が関わった小顔矯正のケースがそうだった。

調査要求で問題にしてきたのは、顔を小さくする表現だった。我々はそれに対し、顔を小さくするエビデンスを提出できたので、「これで勝てた」と思っていた。

ところが、合理的根拠の提出要求の対象で問うて来たのは、「頭蓋骨を変える」という表現だった。

このエビデンスということになると、MRIの撮影まで必要となり、到底無理で、この時点で「詰んだ」と諦めざるを得なかった。

措置命令前に与えられる弁明の機会

措置命令の前に「何か弁明したいことはあるか？」と、２週間くらいのリードタイムを置いて下記のような通知が来る（図表C)。ただし、これは行政手続法上要求されている儀式のような手続きで、ここで何を弁明しても、実際に認められる確率はほぼゼロである。

図表C　弁明の機会の付与を与える通知

消費対策　第[redacted]号
令和[redacted]年[redacted]月[redacted]日

株式会社[redacted]
代表取締役 [redacted]殿

消費者庁長官　[redacted]

弁明の機会の付与について（通知）

当庁は、貴社に対し、不当景品類及び不当表示防止法(昭和37年法律第134号)第6条の規定に基づく命令（以下、「措置命令」という。）をすることを予定としていることから、下記のとおり、行政手続法（平成5年法律第88号）第13条第1項第2号に規定する弁明の機会の付与を行いますので、通知します

記

（1）予定される措置命令の内容
別紙のとおり

（2）弁明の方法
貴社は、前記(1)の予定される命令の内容について弁明しようとするときは、弁明を記載した書面（以下、「弁明書」という）及び証拠を提出する事ができます。

（3）弁明書及び証拠の提出先並びに本件の照会先
〒100-[redacted]
東京都千代田[redacted]
消費者庁　表示対策課　食品表示対策室
電話03-[redacted]

（4）弁明書及び証拠の提出期限
令和[redacted]年[redacted]月[redacted]日

粘った大正製薬が与えた弁明の機会の実質的意味

弁明の機会で弁明することによってひっくり返るということはないが、

図表D　大正製薬がリリースした消費者庁の措置命令に関する見解

当社が提出した資料のみでは表示の裏付けとなる合理的な根拠がないと消費者庁は判断しておりますが、その判断材料とされた「消費者庁が独自に実施した試験」は科学的に不適切であると考えています。

(1) 消費者庁は、当社が示した合理的な根拠を否定する根拠の一つとして、「消費者庁が独自に実施した試験（以下、消費者庁試験）の結果、表示されている効果が確認できなかった」ことを挙げていました。

(2) 消費者庁試験は、「500mlの容器内に、当社マスクを8cm四方にカットし、その上に128mgの花粉を載せたものを封入し、白色蛍光灯を48時間照射し、容器中の二酸化炭素濃度を測定する」というものです。そして「試験の結果、容器中の二酸化炭素が増加しなかったことから、当社マスクの光触媒によって花粉などの有害物質が分解されなかったと理解した」との説明が消費者庁からなされました。

(3) しかし、当社は「花粉等を水と二酸化炭素に分解する」旨の表示をしていないにもかかわらず、消費者庁試験は二酸化炭素に分解されるか否かのみに着目して当社マスクの効果を判断している点が不合理といえます。また、消費者庁試験は以下のとおり試験自体が科学的にも不適切と考えます。

(4) 当社マスクの花粉に対する効果を二酸化炭素濃度の増加の有無により判断しようとする消費者庁試験はその手法が妥当ではないと判断しております。その理由は以下のとおりです。

①花粉の分解による二酸化炭素の増加を検出することは困難であること：
8cm四方のマスクに載せただけの花粉から発生しうる二酸化炭素量は、極小で検出が困難であることが想定されるため、不適切な試験デザインであるといえます。たとえ花粉量を増やしたとしても（消費者庁試験のように、JIS が同種の試験について定める基準量の100倍を使用したとしても）マスクに接する花粉量に限界があることから、測定が困難であることに変わりありません。

②マスク使用時の条件を考慮した試験でないこと：
密閉容器中での二酸化炭素濃度の増加を測定する消費者庁試験においては、容器内の二酸化炭素濃度の微細な変化をとらえる上で人の呼気・吸気による花粉の移動及び、呼気に含まれる水分による当社マスクへの花粉の接触頻度の増加を考慮する必要がありますが、当該各要素が全く考慮されておりません（なお、JIS の同種の試験では、接触頻度が適切となるよう基準が定められています）。

③二酸化炭素を測定する上で考慮すべき事由が考慮されていないこと：
光触媒により発生した二酸化炭素は、花粉に含まれる水分や塩類などによりその一部は炭酸塩になります。よって、気体中の二酸化炭素を測定するだけでは、花粉の分解の有無を判断することはできないと考えます。

(5) 当社としては、上記のような問題のある消費者庁試験は、試験の信頼性を確保できない不適切な試験であったと考え、弁明の機会において消費者庁試験の問題を指摘しています。また、一部報道により、当社マスクの効果について当社が「花粉等を水と二酸化炭素に分解する」旨を表示し、当社があたかも実質的に虚偽表示を行ったかのような印象をお持ちになる方もいらっしゃるかもしれませんが、当社はそのような表示は行っておりませんこと、念のため付言いたします。

なお、当社では現在、法的に採り得る対応・措置を検討中でありますことから、詳細にわたる説明を致しかねる点もございますこと、皆様のご理解を頂戴できれば幸いに存じます。

そこに実質的意味を与えたのは大正製薬事件だ。
プロローグで紹介した大正製薬事件では、措置命令に対するプレスリリースにおいて前ページのように消費者庁の実験の不合理性を批判しているが、この消費者庁が行った実験の情報収集は、弁明の機会における消費者庁とのやり取りが役に立ったものと思われる。

措置命令

弁明の機会で覆ることはないので、弁明の機会があると必然的に措置命令に至る。ここの期間は2週間〜6週間程度。
措置命令が下される日は、その日の午後に連絡があり、大体3時頃からの記者会見で発表され、4時頃からネットに出て、5時頃からのイブニングニュースで報道される。
その日のニュース番組では一通り報道され、翌日の朝刊にも出る。
大正製薬のようにプレスリリースで対処しようと考えるのであれば、措置命令の連絡を受けてから2時間くらいで配信できる体制を整えておく必要がある。

謝罪広告

措置命令を受けると、それを争わない限り新聞・全国紙の社会面に謝罪広告を出さなければならない（資料07・160ページ）。また、今後コンプライアンス体制をどのように整えるかの報告が求められる。
さらに、ホームページに謝罪メッセージを掲載することを求められる場合もある。
2019年12月20日、抱っこひもの広告で措置命令を受けたダッドウェイ社は、2020年3月11日に次のような謝罪メッセージを掲載している（措置命令から2カ月近く経過したのは、どこにどういう内容を載せるかについて消費者庁と擦り合わせていたためと思われる）。

ダッドウェイ社の謝罪広告

DADWAY

brands　news　stores　column　faq　company

news

home ＞ news ＞ 重要なお知らせ ＞

category

重要なお知らせ

イベント/キャンペーン

store news

新商品/新ブランド

company news

弊社に対する措置命令に関するお詫びとお知らせ

2020.03.11

平素より弊社商品をご愛顧いただき、誠にありがとうございます。

弊社は、弊社が供給する「ADAPT」、「OMNI360」、「ORIGINAL」及び「360」と称する「ergobaby」社の各抱っこひも（これらを併せて、以下「本件4商品」といいます。）に関する弊社ホームページ、「店頭空箱」と称する店頭表示物及び商品カタログにおいて平成28年10月27日頃以降行っていた表示について、景品表示法に違反するとして同法第7条第1項の規定に基づき消費者庁より令和元年12月20日付で措置命令（以下「本件措置命令」といいます。）を受けました。

日頃からご愛顧を賜っておりますお客さまをはじめ、お取引先、ご関係者の皆さま方に、大変ご迷惑とご心配をお掛けいたしましたこと、謹んで深くお詫び申しあげます。

弊社は、本件措置命令に従い、一般消費者の皆さまの誤認を排除するため、次のとおり周知いたします。

category

重要なお知らせ

イベント/キャンペーン

store news

新商品/新ブランド

company news

弊社は、本件4商品を一般消費者に販売するに当たり、例えば、「ADAPT」と称する抱っこひもについて、平成29年7月1日頃以降、「店頭空箱」と称する店頭表示物において、「人間工学専門家も認める快適性」と記載し、乳幼児を対面抱きしている人物の写真と共に、「肩への負担が1/7（他社比）」及び「快適性を使用者にかかる圧力で比較すると、一般的な腰ベルト付き抱っこひもを100とした場合、エルゴベビーはわずかその14%程度、つまり負担がきわめて少ない、という実験結果が出ています。抱いた赤ちゃんが自然に中央に導かれる立体設計により、親子ともにバランスの良い抱っこ姿勢を保てることも、疲れにくい理由のひとつです。」などと表示することにより、あたかも、本件４商品を使用して乳幼児を対面抱き又はおんぶした際に使用者の身体に掛かる負担が他社の商品に比して著しく少ないかのように示す表示をしておりました。

これらの表示は、それぞれ、本件４商品の内容について、一般消費者に対し、事実に相違して自社と同種又は類似の商品を供給している他の事業者に係るものよりも著しく優良であると示すものであり、景品表示法に違反するものでありました。

以上の点につきまして、消費者の皆さまに心より深くお詫び申しあげます。

また、弊社は、本件措置命令において取りやめを命じられた表示は令和2年2月28日までにすべて店頭より撤去しております。

弊社は、このようなことを二度と起こさないよう、表示管理体制の再構築を実行するとともに、これからも消費者の皆さまから信頼され、ご愛顧いただけるよう努めてまいる所存でございます。

何卒ご理解を賜りますようお願い申しあげます。

store news

新商品/新ブランド

company news

【本件に関するお問い合わせ先】

ダッドウェイお客さま相談窓口

[illegible]（受付時間：正午～午後4時）

令和2年3月11日

株式会社ダッドウェイ

消費者からの返金要求がくるケースも

前述のように、措置命令はプレスリリースされ、メディアで報道される。事業者の意図にかかわらず、「うその広告をした」というニュアンスで報道されるので、それを見た消費者から「うそなら買わなかった。お金を返して」と返金要求が来ることもある。

措置命令を受けた企業の中には、返金の財源として5億円くらい用意した事例もある。

措置命令を受けた事業者は年間50社程度

措置命令を受けた事業者数を2012年度以降まとめると次のようになる。最近は大体1年50社程度。

図表E　措置命令を受けた事業者の数

年度	全体数	自治体別件数
2012	37社	北海道1社、茨城県2社、栃木県2社、埼玉県9社、千葉県1社、東京都6社、神奈川県1社、静岡県3社、京都府1社、和歌山県2社、福岡県1社　など
2013	45社	北海道36社、群馬県1社、埼玉県11社、東京都3社、新潟県1社、岐阜県1社、静岡県2社、愛知県2社、奈良県2社、和歌山県1社、山口県3社、徳島県1社　など
2014	30社	埼玉県1社、東京都1社　など
2015	13社	埼玉県1社、岐阜県1件、広島県1社　など
2016	27社	静岡県1社　など
2017	58社	北海道1社、栃木県1社、東京都1社、長野県1社、静岡県2社、兵庫県1社、福岡県1社　など
2018	46社	東京都2社、静岡県1社、大阪府6社　など
2019	51社	東京都2社、埼玉県1社、茨城県1社、大阪府6社、岡山県1社、鹿児島県1社　など

措置命令を不服とした場合、争い方は２つ

命令に不服がある場合に、事業者は争うことができるのか？

措置命令を争う場合、ルートが2つある。

① 消費者庁に対する異議申し立て（60日以内）

② 裁判所に対する取消訴訟（６カ月以内）

景表法の管轄が公取の時代、2009年２月３日に、消臭成分「シャンピニオンエキス」を含有するサプリの消臭効果をうたう広告に対して下された排除命令（現在の「措置命令」）について、メーカーのリコム社が異議を申し立てた。ところが、「メーカーは排除命令の対象とされていないので（対象となるのは広告を作った販売者）、争う資格がない」として、門前払いの審決が下されている。

その後、消費者庁に移行し、現在は消費者庁に異議を申し立てると、総務省の第三者委員会に回り、その第三者委員会が答えを出し、それに基づいて、消費者庁が回答するというフローになっている。

2019年度まで措置命令が覆った事例はなかったが、2020年5月15日、ユニヴァ・フュージョン社に対する措置命令（2019年3月29日）を消費者庁自身が取り消すという異例の事態が発生した。

課徴金のフローで押さえておきたい２つのキーワード

2016年４月より、措置命令を受けた事件は原則として課徴金が課されることになった。

なお、措置命令は自治体でも課すことができるが、課徴金命令は消費者庁しか命令することはできない。

ここでのキーワードは、「課徴金対象期間」と「課徴金対象行為をした期間」。

「課徴金対象期間」とは、文字通り課徴金の対象となる期間で、その間の違反広告からの売上の３％が対象金額。

「課徴金対象行為をした期間」とはわかりやすく言えば、違反広告をしていた期間。

違反広告を止めて、即、商品の販売も止めれば、「課徴金対象行為をした期間」と「課徴金対象期間」は一致するが、そうでない場合は、以前の違反広告を見て購入するというケースがありうる。その際は「課徴金対象期間」はその最後の取引までとなる。

ただし、このエクステンションは最大6カ月（違反広告を止めてから6カ月以内）。

また、その前に誤認解消措置 — 全国紙に「昔の広告を信じて買わないで下さい」という社告を載せる — を取れば、そこまでとなる。

課徴金が減免される４つの条件とは

違反が事実であったとしても、課徴金が減免される場合がある。

表にまとめると次のようになる。

図表Ｆ　課徴金が減免される条件

	条件	課徴金
1	違反広告に基づく売り上げが5,000万円未満のとき	0
2	事業者が不当表示の防止について相当の注意をしていたと認められるとき	0
3	調査を開始する旨の通知を受ける前に違反事案を事業者が自主的に申告したとき	1/2
4	景表法に定められた手続きに沿って返金措置を実施したとき（最後の弁明書の提出期限までに返済計画を消費者庁に提出し認定（承認）することが必要）	返金額がマイナスされる

課徴金が２分の１カットされる自首

図表Ｆの＃３は、いわば「自首」の制度で、「私は景表法違反を犯していました」と「自首」すると、課徴金が半額カットされるという制度である。後述の三菱自動車、日産自動車の軽自動車の燃費不正広告事件では、この

「自首」が認められ、本来の課徴金額3,618万円の半額1,809万円がカットされている。

この「自首」は、消費者庁による調査の前に行わなければならず、つまり、消費者庁からの声かけもない時点で行われることを要し、事業者としてはこのジャッジは微妙なところだ。

返金額は課徴金からマイナスされる

弁明書の提出期限までに実施予定返金措置計画を消費者庁に提出して承認され、それに基づき返金を実施すると、その返金額は課徴金から減額される。これが図表Ｆの＃４である。

返金額は購入額の３％以上でなければならず、返金方法は現金のみでポイントやクーポンでは不可。

三菱自動車、日産自動車のケースでは、日産自動車についてこれが認められ、返金額の1,492万円が課徴金額から差し引かれた。

2019年３月にダイエットサプリの広告で措置命令を受けたモイスト社も、消費者庁に返金計画を提出し承認されたので、下記のような告知とフォームをHPに載せ、2020年４月１日から返金を開始している。

モイスト社がホームページに掲載した告知

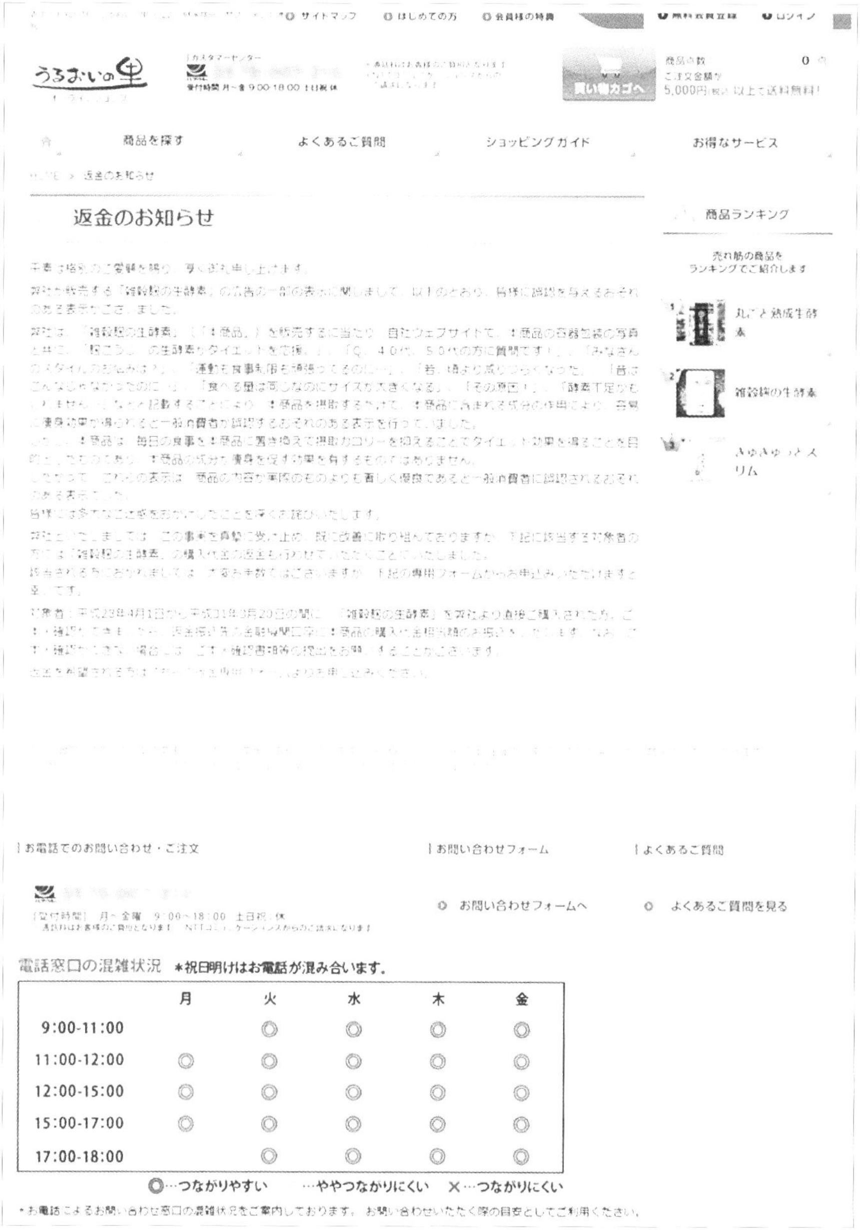

サイトマップ　はじめての方　会員様の特典　無料会員登録　ログイン

うるおいの里

カスタマーセンター

受付時間 月～金 9:00-18:00 土日祝休

商品点数 0点

ご注文金額が5,000円(税込)以上で送料無料!

買い物カゴへ

商品を探す　よくあるご質問　ショッピングガイド　お得なサービス

HOME > 返金のお知らせ

返金のお知らせ

平素は格別のご愛顧を賜り、厚く御礼申し上げます。

弊社が販売する「雑穀麹の生酵素」の広告の一部の表示に関しまして、以下のとおり、皆様に誤認を与えるおそれのある表示がございました。

弊社は、「雑穀麹の生酵素」（「本商品」）を販売するに当たり、自社ウェブサイトで、本商品の容器包装の写真と共に、「麹こうじの生酵素がダイエットを応援」、「Q．40代、50代の方に質問です！」、「みなさんのスタイルのお悩みは？」、「運動も食事制限も頑張ってるのに…」、「若い頃より減りづらくなった」、「昔はこんなじゃなかったのに…」、「食べる量は同じなのにサイズが大きくなる」、「その原因！」、「酵素不足かもしれません」[illegible]などと記載することにより、本商品を摂取するだけで、本商品に含まれる成分の作用により、容易に痩身効果が得られると一般消費者が誤認するおそれのある表示を行っていました。

しかし、本商品は、毎日の食事を本商品に置き換えて摂取カロリーを抑えることでダイエット効果を得ることを目的としたものであり、本商品の成分が痩身を促す効果を有するものではありません。

したがって、これらの表示は、商品の内容が実際のものよりも著しく優良であると一般消費者に誤認されるおそれのある表示でした。

皆様には多大なご迷惑をおかけしたことを深くお詫びいたします。

弊社といたしましては、この事実を真摯に受け止め、既に改善に取り組んでおりますが、下記に該当する対象者の方には「雑穀麹の生酵素」の購入代金の返金も行わせていただくことにいたしました。

該当される方におかれましては、大変お手数ではございますが、下記の専用フォームからお申込みいただけますと幸いです。

対象者：平成29年4月1日から平成31年3月20日の間に、「雑穀麹の生酵素」を弊社より直接ご購入された方。ご購入確認ができましたら、返金振込先の金融機関口座に本商品の購入代金相当額のお振込みをいたします。なお、ご購入確認ができない場合には、ご購入確認書類等の提出をお願いすることがございます。

返金を希望される方は[illegible]よりお申し込みください。

商品ランキング

売れ筋の商品をランキングでご紹介します

1 丸ごと熟成生酵素

2 雑穀麹の生酵素

3 きゅきゅっとスリム

お電話でのお問い合わせ・ご注文

【受付時間】 月～金曜 9:00～18:00 土日祝 休

お問い合わせフォーム

お問い合わせフォームへ

よくあるご質問

よくあるご質問を見る

電話窓口の混雑状況 ＊祝日明けはお電話が混み合います。

	月	火	水	木	金
9:00-11:00		◎	◎	◎	◎
11:00-12:00	◎	◎	◎	◎	◎
12:00-15:00	◎	◎	◎	◎	◎
15:00-17:00	◎	◎	◎	◎	◎
17:00-18:00		◎	◎	◎	◎

◎…つながりやすい　…ややつながりにくい　×…つながりにくい

＊お電話によるお問い合わせ窓口の混雑状況をご案内しております。お問い合わせいただく際の目安としてご利用ください。

うるおいの里返金フォーム

＊は必須項目です

＊返金を希望するか

◎ 希望する ◎ 希望しない

会員番号

mc [ ]

お届けしたメールに記載されているmcで始まる数字です

＊名前

姓 [ ] 名 [ ]

＊フリガナ

姓 [ ] 名 [ ]

＊電話番号

[ ] - [ ] - [ ]

＊メールアドレス

[ ]

＊現住所

〒 [ ] - [ ] [住所検索]

都道府県

[---- ▼]

市区町村番地

[ ]

マンション・ビル名

[ ]

現在お住まいのご住所を入力してください

口座情報（※ご本人様名義の口座情報をご入力下さい）

＊金融機関の種類

◎ 郵便局以外の金融機関（ゆうちょ銀行を含む） ◎ 郵便局

＊口座種別

◎ 普通 ◎ 当座

◎ 貯蓄 ◎ 郵便局

＊口座名義（カタカナ）

[ ]

[確認画面へ]

課徴金の件数と課徴金額

2020年3月末日段階で、課徴金が課された件数は59件。

年度別の件数は次のようになる。

図表G　課徴金が課された件数（2016－2019年）

年	件数	備考
2016年（平成28年）	1	
2017年（平成29年）	19	※課徴金取り消しとなった日産自動車の事例を含む
2018年（平成30年）	20	
2019年（令和1年）	19	

金額の多い順に5件並べると次のようになる。

図表H　課徴金額の多い事件

	年月日	事件名	金額
1	2017年1月27日	三菱自動車燃費偽造事件（普通車）	4億8,507万円
2	2020年3月17日	ジェイフロンティア株式会社事件	2億4,988万円
3	2019年2月22日	株式会社TSUTAYA事件	1億1,753万円
4	2018年10月31日	株式会社シェル事件	1億886万円
5	2018年3月23日	プラスワン・マーケティングFREETEL SIM事件	8,821万円

※2020年3月末現在

課徴金命令を争う場合

課徴金命令を争う手続きは、措置命令と同様に、消費者庁への異議申し立て（60日以内）か、裁判所への取消訴訟の提起（6カ月以内）となる。

措置命令・課徴金命令が争われている事件で公になっているものをまとめると、図表Iのようになる（公表されていないものもある）

図表1　措置命令や課徴金命令で争われている主な事件　※消費者庁移行後

異議申立（審査請求）		取消訴訟	
措置命令	課徴金	措置命令	課徴金
だいにち堂事件（2017年3月9日措置命令）→措置命令妥当（2018年2月2日）	日産自動車事件（2017年6月14日課徴金命令）→課徴金不当（2018年10月31日）→消費者庁取消（2018年12月26日）	だいにち堂事件→2018年8月訴え提起→2020年3月4日請求棄却	なし
大正製薬事件（光触媒マスク）（2019年7月4日措置命令）→2019年10月1日審査請求		アマゾン事件（二重価格。2017年12月27日措置命令）→2018年1月訴え提起→2019年11月15日請求棄却→控訴	
ユニヴァ・フュージョン事件（2019年3月19日措置命令）→2020年5月15日消費者庁取消		ライフサポート事件（歳末キャンペーン価格。2019年3月6日措置命令）→2019年6月30日訴え提起	

ここにあるように、課徴金命令の実質的第1号の一部であった日産自動車（残りは三菱自動車）の事件に対して異議が申し立てられ、総務省に回り、総務省の第三者委員会が「命令不当」の結論を出したため、消費者庁自らこの命令を取り消さざるを得なくなったのは印象的な事件だった。次章で詳しく述べよう。

措置命令前に謝れば許してもらえるのか？

前述の通り、措置命令を受けた場合は謝罪広告を打たなければならないが、後述する機能性表示の葛の花広告事件では、措置命令を受けていない段階で謝罪広告が飛び交った。

一例を挙げると、こんな感じ。

措置命令前に行われた謝罪広告

葛の花広告事件では、16社が措置命令を受けたが（2017年11月7日）、そのうちの12社が事前にこのような任意の謝罪広告を行った。

日本的な感覚として、「お上と争うのはよくない」「逆らうことなく真摯に謝ることが大事」といった感覚があり、この任意の謝罪広告はそういう意識から登場したのかもしれないが、この謝罪広告を打ってセーフになった企業はない。

むしろ、罪を自認する形となり、その後措置命令を争う道を自ら閉ざしてしまった。

後述するブロリコ事件でも、イマジン・グローバル・ケア社は2019年3月にこのような任意の謝罪広告を行っているが、2019年11月1日、結局措置命令を受けている。

この任意の謝罪広告に意味があるとしたら、それは課徴金を課される際に、その終期、ここまでで終わりになるということくらいしかない。

図表J　任意の謝罪広告のメリット

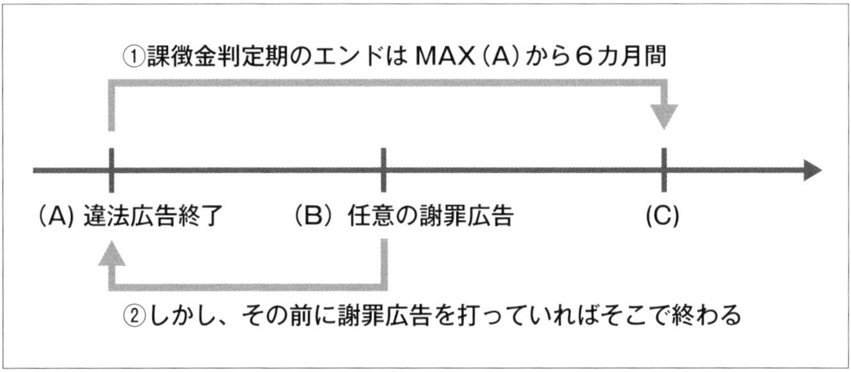
①課徴金判定期のエンドはMAX（A）から6カ月間
(A) 違法広告終了
(B) 任意の謝罪広告
(C)
②しかし、その前に謝罪広告を打っていればそこで終わる

ただ、違法広告終了後販売がストップされていれば、それより後の売上に課徴金を課されたことはないので（〈A〉の違反広告終了 がEND）、このメリットはそんなに大きいのものではない。

コラム1　措置命令に至る割合

2017年度は、措置命令が50件以上発令されたが、そこに至る割合は次のようになっている。

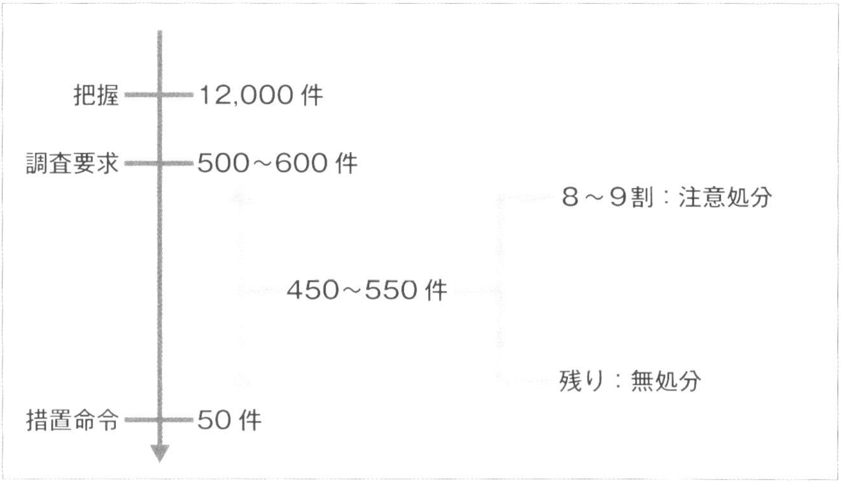

まず、違反の疑いのある事件の把握が12,000件。その大半が告発によるもの（同業者のチクリや消費者クレーム）。

その中から500～600件について、調査要求を発する。

その中から措置命令に至ったのが50件、約1割。措置命令に至らなかった残りの大半は、注意処分で終わっている。

第１部　優良誤認

Chapter 2

もう一つのフロー
適格消費者団体

クロレラチラシを葬った適格消費者団体

私は1995年、小林製薬さんが健食通販を立ち上げるプロジェクトをサポートして以来、健康美容医療分野に取り組んでいるが、その当時、健食業界の七不思議と言われていたのがクロレラ療法研究会のクロレラチラシだった。

クロレラ療法研究会のクロレラチラシ

がんこな慢性病でお悩みの方へ
クロレラ療法
解説特報
最近のクロレラに関する学術情報
脊柱管狭窄症（シビレ）・部分入れ歯の噛み合わせ
「これはすごい！」と思いました
耳鳴り・めまい
「もう我慢できない」と思った時、出会いました
脊柱管狭窄症（下半身のシビレ・痛み）
日本クロレラ療法研究会

なぜこのチラシが薬事法違反にならないのか？　クロレラ療法研究会とサン・クロレラ社の繋がりは明らかではないのか？　といった疑問を多くの人が抱いていたが、いろいろな背景も噂され、このチラシはずっと続いていた。

しかし、2016年1月、適格消費者団体・京都消費者契約ネットワークがこのチラシを葬り去った。

適格消費者団体とは、景表法、特商法、消費者契約法の監視役で、これに違反する広告などの差止を消費者庁に代わり行うことができる。

消費者団体が国の承認を得れば、この権限を取得でき、現在21団体が認定されている。

適格消費者団体・京都消費者契約ネットワークは、サン・クロレラ社を被告としてこのチラシの差止請求訴訟を提起し、京都地裁2015年1月21日判決はこれを認めた。

サン・クロレラ社はこれを不服として控訴したが、京都地裁の判決後、自らチラシの配布を止め、30年近く続いたクロレラチラシがここに終焉を迎えた（なお、この訴訟は「勧誘」を要件とする消費者契約法に基づいていたが、大阪高裁はチラシの「配布」は「勧誘」には当たらないとして、原告敗訴の判決を下した。それに対する上告を受けた最高裁は、チラシの「配布」も例外的に「勧誘」に当たりうるとの判断を示した）。

消費者団体の卓越した調査力

サン・クロレラ社が自社のクロレラ商品について、「ガンが治る」と言って販売すれば問題なく薬事法違反になる。

しかし、クロレラチラシは「クロレラでガンが治る」と言いつつも、サン・クロレラ社の商品は出て来ないので、両者を一体と見ることは難しいという見方もあった。

だが、京都地裁判決は、以下のような事実を認定して、あっさりと両者は一体と認定した。

図表K　適格消費者団体の一覧（2020年6月現在）

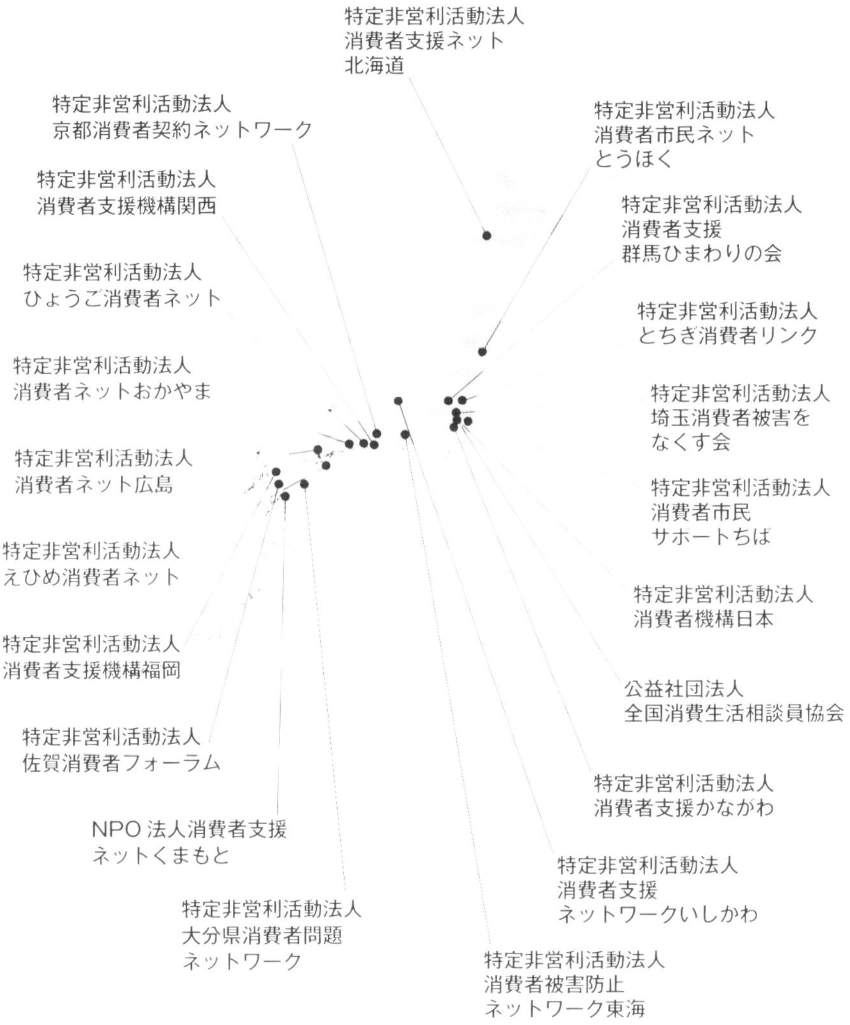

(1)被告は、研究会チラシの作成配布費用だけでなく、クロレラ研究会によるクロレラ等の広報活動に要する費用をすべて負担している。
(2)被告のすべての従業員がクロレラ研究会の会員となっており、クロレラ研究会は、その活動のために独自に人件費というものを支出していないし、団体としての会計管理や税務申告を行っているわけでもない。
(3)被告は、クロレラ研究会が使用するとされている電話番号の回線契約者であり、その電話料金をすべて負担している。
(4)クロレラ研究会の京都本部は、被告の本社ビル内にあるとされているが、クロレラ研究会から被告に対し、事務所使用料の支払はされていない。
(5)クロレラ研究会富山支部も、被告の事務所内に設置されている。
(6)クロレラ研究会のウェブサイトからクロレラ研究会に資料請求をすると、クロレラ研究会が作成したとする多数の資料が送付されてくるほか、被告商品のカタログや注文書が送付されてくる。
(7)研究会チラシに記載された電話番号に従ってクロレラ研究会に電話で問い合わせると、被告商品の購入を推奨される。
(8)クロレラ研究会は、被告商品以外の商品のカタログを送付することはない。

これらはすべて原告である京都消費者契約ネットワークが提出した証拠に基づくもので、彼らの卓越した調査力を世に示す結果となった。

葬り去られた二日酔い対策サプリ

適格消費者団体が引導を渡したのは、クロレラチラシだけではない。
二日酔い対策系サプリもその一つといえる。
ターゲットとされたのは、自然食研社「しじみ習慣」。
動いたのは消費者支援機構関西(KC's)。
KC'sは、2015年9月から5回にわたり申入れを行っている。

曰く——

「休肝日の代わりにしじみ習慣」と言うのは不可

「お酒好きの健康に」も不可

「宴席を楽しみたい」も不可

「メタボ習慣シャキッ！」も不可　etc.

徹底的に追及し（後述するようにアフィリエイトなども含まれる）、2017年10月24日に終了した。

KC'sはゼリア新薬工業社「ヘパリーゼ」にも申入れを行い、「飲む人」といった表記を止めること、容器に記載されている肝臓を想起させる絵を変えること等を約束させている（2015年11月～2017年2月）。

KC'sのこうした活動により、二日酔い対策を示唆するサプリの広告は大きく変化することとなった。

葬り去られた水素水

さらに、水素水も適格消費者団体の活動で大きなダメージを受けている。

仕掛けたのは、クロレラ事件と同じ京都消費者契約ネットワーク。

彼らが狙ったのは、「水素水でガンが治る」などとアピールしていたアフィリエイトサイト。

メロディアンハーモニー、健康家族、伊藤園、トラストウォーター、マハロ、アビストの6社に対し、過激なアフィリエイトサイトを止めるよう請求したところ、6社はすべてこれに従った。にもかかわらず、その後、メロディアンハーモニー、マハロは消費者庁から自社のサイトに関して措置命令も受けており（2017年3月30日）、ブームとなりつつあった水素水のマーケットを冷ます結果となっている。

図表L　アフィリエイトサイトで水素水の薬効をうたっていた6社

	アフィリエイトサイトの申入	自社サイトの措置命令
メロディアンハーモニー	○(2017年11月28日)	○(2017年3月3日)
健康家族	○(2017年11月18日)	
伊藤園	○ (2017年8月25日)	
トラストウオーター	○(2017年8月24日)	
マハロ	○(2017年6月15日)	○ (2017年3月3日)
アビスト	○(2017年7月24日)	

特定適格消費者団体が担う日本版クラスアクション

私は日本にPL法が導入される頃、中公新書として『PL法新時代』を出版し、アメリカの実情を描いた。アメリカでは昭和電工のLトリプトファンの欠陥によるPL問題においては、被害者の団体にクラスが結成され、やり手の弁護士がそのクラスを代理して昭和電工と争い、巨額の賠償金をもぎ取って被害者に分配していた。

日本でも類似の制度を作ろうという話になり、日本版クラスアクションが制定され(消費者裁判手続特例法)、2016年10月からスタートしている。

ただ、日本版クラスアクションはアメリカのようなクラスのリーダーが企業から賠償金をぶん取って分配するというような勇ましいものではなく、少額被害の被害者が企業から賠償を得ることをお手伝いする、といったソフトなイメージの仕組みとなっている。

そして、こういう被害者に取って代わって企業と交渉できるのが適格消費者団体の中から特に認定を得た「特定」適格消費者団体で、これまでのところ、KC'sと埼玉消費者被害をなくす会と消費者機構日本の3団体が認定を受けている。

このうち、KC'sは後に述べる機能性表示、葛の花広告措置命令を受けて、購入者への返金手続きをサポートしている。

この措置命令を受けたのは次の16社である。

図表M　葛の花由来イソフラボンの広告措置命令を受けた16社

	名称（法人番号）　代表者	所在地
1	株式会社太田胃散（9010001001450） 代表取締役 太田 美明	東京都文京区 千石二丁目3番2号
2	株式会社オンライフ（9010701019379） 代表取締役 髙﨑 航	東京都品川区 西五反田一丁目18番9号
3	株式会社CDグローバル（7013301037728） 代表取締役 野村 和德	東京都豊島区 池袋本町一丁目25番14号
4	株式会社全日本通教（9011301005389） 代表取締役 西方 裕暢	東京都杉並区 成田東四丁目38番17号
5	ありがとう通販株式会社（4140001023585） 代表取締役 石原 健市	神戸市中央区 東町122番2
6	株式会社ECスタジオ（5010001159210） 代表取締役 嶋田 怜輔	東京都千代田区飯田橋四丁目7番11号 カクタス飯田橋ビル1003
7	株式会社協和（6013101003286） 代表取締役 堀内 泰司	東京都福生市 東町1番地1
8	株式会社スギ薬局（7180301016951） 代表取締役 杉浦 克典	愛知県安城市 三河安城町一丁目8番地4
9	株式会社ステップワールド（7013201018489） 代表取締役 風間 元	東京都渋谷区 広尾一丁目1番39号
10	株式会社テレビショッピング研究所（3010801007669） 代表取締役 高橋 正樹	東京都大田区 西蒲田七丁目25番7号
11	株式会社Nalelu（7011701005965） 代表取締役 小俣 治郎	東京都江戸川区 松島二丁目31番10号
12	株式会社ニッセン（8130001029266） 代表取締役 羽渕 淳	京都市南区 西九条院町26番地
13	日本第一製薬株式会社（4290001029675） 代表取締役 兼原 保行	福岡市博多区 博多駅東二丁目5番19号
14	株式会社ハーブ健康本舗（5290001029526） 代表取締役 永松 靖浩	福岡市中央区天神二丁目8番34号 住友生命福岡ビル3階
15	ビルボックスジャパン株式会社（1010401095232） 代表取締役 栖原 徹	東京都港区南青山二丁目21番11号 フォーラムビルディング5F
16	株式会社やまちや（4130001031515） 代表取締役 髙木 智彦	京都市下京区 烏丸通五条下ル大坂町400

このうち、ニッセンは自主的に返金を行ったため、15社を対象としてKC'sが返金を仲介し、14社はそれに応じている（Nalelu社はKC'sのサポートを拒否している）。

なお、KC'sは、2019年３月29日にダイエットサプリの広告で措置命令を受けた(1)ジプソフィラ、(2)ジェイフロンティア、(3)ビーボ、(4)モイスト、(5)ユニヴァ・フュージョンの５社に対し、2020年３月30日、この手続きを開始した（なお、2020年３月17日、(1)は868万円、(2)は2億4,988万円の課徴金命令を受け、(3)は2020年３月31日に642万円の課徴金命令を受けている。(4)は前述のように、返金計画を消費者庁に提出し、実行している。(5)は2020年５月15日に措置命令が取り消された）。

KC'sが５社に対して行った措置命令手続きのお知らせ

検索 ホーム | サイトマ

KC's ケーシーズ 特定非営利活動法人 消費者支援機構関西 （内閣総理大臣認定：適格消費者団体・特定適格消費者団体）

酵素等の成分の作用による痩身効果を標ぼうする食品の販売事業者５社に対し、消費者が希望する場合は、返金等を行うよう申入れを行いました。

2020.03.30（No.10000990）

酵素等の成分の作用による痩身効果を標ぼうする食品の販売事業者５社（以下「５社」といいます。）に対し、消費者が希望する場合は、返金等を行うよう申入れを行いました。

１．消費者庁の措置命令

消費者庁は、２０１９年3月２９日、５社が供給する食品に係る表示について、それぞれ、景品表示法に違反する行為（同法第５条第１号（優良誤認）に該当）が認められたことから、同法第７条第１項の規定に基づき、措置命令を行った旨を公表しました。

２．当団体の取り組み

当団体は、同年１２月3日、５社が標ぼうしていた痩身効果については、消費者契約法上の不実告知に該当するものとして、５社に対し、販売数量や、商品を購入した消費者に返金する意思があるかについての回答を求める、「お問い合わせ」文書を送付しました。

この「お問い合わせ」に対する５社からの回答を踏まえ、当団体は２０２０年2月２６日、５社に対し「申入書兼要請書」として以下の内容を含む申入れを行いました。

（１）措置命令の対象となった表示により対象商品を購入した消費者に対して、返金を求めることができることを個別に通知すること。
（２）消費者からの返金申し出に応じること。また、消費者の負担が少ない返金方法を提供すること。
（３）少なくとも１年間は対象消費者からの返金に応じること。
（４）当団体に対して、（１）の告知の実施状況及び（２）の返金の実施状況について定期的に報告すること。

消費者庁措置命令

コラム2　健康増進法

健康増進法とは、食品（一般食品・健康食品）の虚偽誇大表示を取り締まる法律である。

消費者庁が委託した業者がパトロールしていて、違法広告を見つけたら次のような警告メールが送られている。

消表対第　号
平成28年　月　日

様

消費者庁表示対策課長
（公印省略）

健康増進法第11条第1項に関するインターネット監視業務に係る不適切広告等の改善について（要請）

消費者庁においては、健康増進法（平成14年法律第103号）第31条第1項（誇大表示の禁止）の規定に関し、インターネットにおける監視業務を行っているところである。

この程、平成28年7月から平成28年9月までの期間、インターネットにおける誇大広告等の監視を行ったところ、貴社がインターネットショッピングモールサイト等に掲載する広告について、同条の規定に違反するおそれのあるものが確認された。貴社においては、別紙内「改善の対象となる主な表示」部分を中心に、修正又は削除等の改善策を講じるとともに、当該広告のその他表現についても再度確認されたい。

消費者庁では、これらの広告について、平成28年10月28日

(金) までに改善措置が講じられない場合、医薬品、医療機器等の品質、有効性及び安全性の確保等に関する法律(昭和35年法律第145号) の規定に違反する疑いのある広告にあっては、厚生労働省薬機法担当部局に通告することとしている。また、その他のものについては、当庁において科学的根拠の評価や事情聴取を行い、健康増進法又は不当景品類及び不当表示防止法(昭和37年法律第134号) の限定に基づく調査を開始することとしている。

なお、当庁が指摘した以外の商品であっても、健康増進法第31条第1項の規定に違反するおそれのある広告等が再度確認された場合には、厳正に対処していくこととしているので、貴社が行っている広告等全体の適正化を図られたい。

当庁では引き続き、これらの広告等をしていくことを付言する。

担当：消費者庁　表示対策課食品表示対策室

TEL 03- [redacted]

違反のおそれのある主な表示

「50代からのキレに明らかな違いが……」

◇朝も夜もみなぎる活力で男の自信が復活！

・そんな彼が言うには「頭のキレが明らかに違う」「朝から夜まで充実して一日の長さの感じ方が子供の頃のようになったみたいだ！」と活力溢れる毎日を過ごしているとの事。

違反表現を直せばそれで終わる。

ただ、過去1件だけ、業者名公表に至った事例がある（2016年3月1日勧告）。

ライオン社のトマトの飲料で、トクホの許可を得ていたもの。

消費者庁
Consumer Affairs Agency, Government of Japan

News Release

平成２８年３月１日

[redacted]に対する健康増進法に基づく勧告について

消費者庁は、本日、[redacted]に対し、健康増進法第３２条第１項の規定に基づき、勧告を行いました。

[redacted]が「[redacted]」と称する特定保健用食品に関し、日刊新聞紙に掲載した広告は、健康の保持増進の効果について、著しく人を誤認させるような表示であり、健康増進法第３１条第１項の規定に違反するものであるところ、かかる行為は、国民の健康の保持増進及び国民に対する正確な情報の伝達に重大な影響を与えるおそれがあると認められました。

１　違反行為者の概要

名　称　[redacted]（法人番号[redacted]）

所在地　[redacted]

代表者　代表取締役　[redacted]

設立年月　[redacted]

資本金　[redacted]円（平成２８年１月現在）

２　勧告の概要

(1)　対象商品

「[redacted]」と称する特定保健用食品※1（別紙１）

※1　特定保健用食品は、健康増進法第２６条第１項又は同法第２９条第１項の規定に基づき、特別の用途のうち、特定の保健の用途に適する旨の表示をすることについて、消費者庁長官の許可又は承認を受けた食品であって、食生活の改善に寄与することを目的として、その食品の摂取が健康の維持増進に役立つ、又は適する旨を表示することのみが許可又は承認されているものである。

(2)　対象表示　ア　表示の概要

（ア）　表示媒体（別紙２）

日刊新聞紙に掲載した広告

（イ）　表示期間

平成２７年９月１５日から同年１１月２７日まで

（ウ）　表示内容

[redacted]は、例えば、次のとおり記載することにより、あたかも、本件商品に血圧を下げる効果があると表示することについて消費者庁長官から許可を受けているかのように示し、また、薬物治療によることなく、本件商品を摂取するだけで高血圧を改善する効果を得られるかのように示す表示をしていた。

○ 健康増進法に規定する特別用途表示の許可等に関する内閣府令（平成２１年内閣府令第５７号）別記様式第３号に定める特定保健用食品の許可証票とともに、「[redacted]の『[redacted]』は、消費者庁許可の特定保健用食品です。」と記載

○ 本件商品についてのヒト試験結果のグラフとともに、「臨床試験で実証済み！これだけ違う、驚きの『血圧低下作用』。」と記載

○ 本件商品を摂取している者の体験談として、「実感できたから続けられる！１０年くらい前から血圧が気になり、できるだけ薬に頼らず、食生活で改善できればと考えていました。飲み始めて４ヶ月、今までこんなに長続きした健康食品はないのですが、何らか実感できたので継続できています。今では離すことのできない存在です。」と記載

○ 「５０・６０・７０・８０代の方に朗報！」、「毎日、おいしく血圧対策。」、「“薬に頼らずに、食生活で血圧の対策をしたい”そんな方々をサポートしようと[redacted]が開発した『[redacted]』。」と記載。　実際本件商品は「本品は食酢の主成分である酢酸を含んでおり、血圧が高めの方に適した食品です。」を許可表示とし、食生活の改善に寄与することを目的として、その食品の摂取が健康の維持増進に役立つ、又は適する旨を表示することのみが許可されている特定保健用食品であって、血圧を下げる効果があると表示することについて消費者庁長官から許可を受けているものではなく、また、高血圧※2は薬物治療を含む医師の診断・治療によらなければ一般的に改善が期待できない疾患であって、薬物治療によることなく、本件商品を摂取するだけで高血圧を改善する効果が得られるとは認められないものであった。

※２ 一般には、血圧値のうち収縮期血圧が１４０ｍｍＨｇ以上又は拡張期血圧が９０ｍｍＨｇ以上の者は高血圧とされ、年齢が高いほど、高血圧に該当する者の割合は高くなる傾向にある。また、高血圧は、薬物治療を含む医師の診断・治療によらなければ一般的に改善が期待できない疾患である。

⑶ 勧告の概要

ア　前記⑵アの表示は、健康の保持増進の効果について、著しく人を誤認させるような表示であり、健康増進法に違反するものである旨を、一般消費者へ周知徹底すること。

イ　再発防止策を講じて、これを役員及び従業員に周知徹底すること。

消費者庁

ウ　今後、前記(2)アの表示と同様の表示を行わないこと。

【本件に対する問合せ先】

消費者庁表示対策課食品表示対策室

電　　　　　話　00－0000－0000
ホームページ　http://www.caa.go.jp/
担　　　　　当　[redacted]、[redacted]、[redacted]

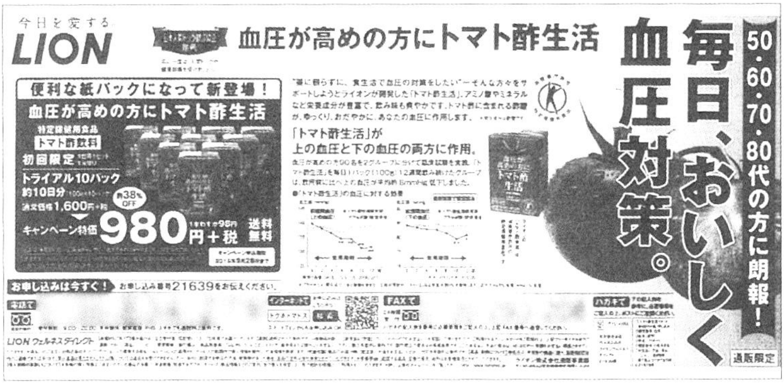

広告中の「薬に頼らずに」という表現が、医薬品業界を敵に回した、と言われている。

優良誤認の事件簿

① 課徴金命令

出鼻をくじかれた日産自動車課徴金事件

2018年12月26日、消費者庁が日産自動車に対して下した課徴金命令を自ら取り消すという異例の事態が発生した。

簡単にまとめるとこうなる。

◇◇

1. 日産自動車が三菱自動車からOEM供給を受けていた軽自動車のカタログに燃費を水増しして掲載したのは不当表示（優良誤認）で景表法違反として、消費者庁は2017年６月に日産に317万円の課徴金命令を下した。
2. 日産は2017年９月にこれを不服として審査請求。
3. 消費者庁は2018年７月に総務省の行政不服審査会に諮問したところ、審査会は「日産が三菱のデータに疑いを持つのは困難」と認めて、「課徴金命令は取り消されるべき」と答申。
4. これを受けて、消費者庁は課徴金命令を12月26日自ら取り消した。

◇◇

日産は三菱からOEM供給を受けていたので自ら偽装をしたわけではなく、そのトリックに気づかなかったわけだが、それはやむをえなかったと、判断されたということ。

この事件は消費者庁として実質的に第１号の課徴金命令を自ら取り消すことになり、消費者庁としては苦渋の決断であったと思われる。

三菱自動車、日産自動車事件の詳細

三菱自動車、日産自動車事件は、普通車と軽自動車の事件があり、多少複雑だが、課徴金のいろいろな論点について先例としての価値が大きいので、以下にまとめておこう。

図表N　三菱自動車燃費偽装事件（普通車）（2017.1.2付命令）

概要	三菱自動車が普通車の燃費について偽装を行ったのは景表法違反として課徴金が課せられた。
金額	4億8,507万円
納付期限	2017年8月28日（約7カ月）
対象となる表示	(1) ウェブサイト　(2) カタログ
調査開始	2016年5月27日又は8月31日午前 ※なぜ2回目があるのかは不明
課徴金対象行為をした期間	(1) ウェブサイト→2016年4月1日～同8月30日 (2) カタログ→2016年4月1日から8日～同8月30日 （違反行為の終期の解釈） (1) ウェブサイト→公開終了日 (2) カタログ→出荷終了日
誤認解消措置	2016年9月11日に日経新聞、朝日新聞に謝罪広告
課徴金対象期間	2016年4月1日～同8月30日　※課徴金対象行為をした期間と同じ。 ・最後の取引は8月12日だったので、「課徴金対象期間」が「課徴金対象行為をした期間」より先になることはない ・その意味では「誤認解消措置」の社告は無駄だった
消費者庁への自発的報告	2016年8月31日午後 →「調査開始」より後なので効果なし
返金措置	実施していたが、すでに自動車を手放している購入者を除外・リース契約での購入者への返金額を別に定めていたこと等から、返金措置の要件の一つである「指定の者について不当に差別的でないもの」（景表法10条5項2号）を満たさないため、返金措置に該当しないと判断された模様

※日産自動車はこの件につき措置命令を受けていない。

図表O　三菱自動車・日産自動車 自動車燃費偽装事件（軽自動車）（2017.6.17付命令）

三菱自動車

概要	三菱自動車が軽自動車の燃費について偽装を行ったのは景表法違反として課徴金が課せられた。
金額	453万円
納付期限	2018年1月15日（約7カ月）
対象となる表示	(1) ウェブサイト　(2) カタログ
調査開始	不明
課徴金対象行為をした期間	(1) ウェブサイト→2016年4月1日～同4月20日 (2) カタログ→2016年4月1日ないし4日～同4月20日 （違反行為の終期の解釈） (1) ウェブサイト→公開終了日 (2) カタログ→出荷終了日
誤認解消措置	あり、7月1日
課徴金対象期間	2016年4月1日～同4月20日
消費者庁への自発的報告	1) あり 2) これにより本来の課徴金額（1,132万円）から半額減額
返金措置	1) 弁明書の提出期限までに実施予定返金措置計画を消費者庁に提出して承認され、それに基づき返金を実施 2) 消費者庁への自発的報告により半減された額からさらに返金額（113万円）が引かれ453万円となった

※普通自動車の方では返金計画が承認されなかったがこちらでは承認された。

日産自動車

概要	日産自動車が軽自動車の燃費について偽装を行ったのは景表法違反として課徴金が課せられた。 ※日産自動車は三菱自動車よりOEM供給を受けていた。 自ら偽装したわけではないが、三菱自動車からの情報を十分に確認しなかった点に問題ありとされた。
金額	317万円
納付期限	2018年1月15日（約7カ月）
対象となる表示	(1) ウェブサイト　(2) カタログ
調査開始	不明
課徴金対象行為をした期間	(1) ウェブサイト→2016年4月1日～同4月20日 (2) カタログ→2016年4月1日～同4月20日 （違反行為の終期の解釈） (1) ウェブサイト→公開終了日 (2) カタログ→出荷終了日
誤認解消措置	あり。7月1日
課徴金対象期間	2016年4月1日～同4月20日
消費者庁への自発的報告	1) あり 2) これにより本来の課徴金額（3,618万円）から半額減額
返金措置	1) 弁明書の提出期限までに実施予定返金措置計画を消費者庁に提出して承認され、それに基づき返金を実施 2) 9の2) より半減された額からさらに返金額（1,492万円）が引かれ317万円となった（後に取消）

〈まとめ〉

日産は「不正をもっと早く知りえたのではないかという消費者庁の見解は不当。必要な対抗措置を講じる」としている。

その点からすると、消費者庁への自主的報告や返金は三菱自動車の主導で行われたものと見られる。

意外に少ない、措置命令から課徴金命令への移行

景表法８条１項は、課徴金について、

「事業者が、第五条の規定に違反する行為（同条第三号に該当する表示に係るものを除く。以下「課徴金対象行為」という。）をしたときは、内閣総理大臣は、当該事業者に対し、当該課徴金対象行為に係る課徴金対象期間に取引をした当該課徴金対象行為に係る商品又は役務の政令で定める方法により算定した売上額に百分の三を乗じて得た額に相当する額の課徴金を国庫に納付することを命じなければならない。」

と規定しており、措置命令を受けた事例には課徴金が課される（ただし、⑴違法報告からの売上が5,000万円未満のとき、⑵景表法違反とならないように相当の注意を払っていたときは免除される）。

そこに注意で済ませるといった行政の裁量はない。

しかし、以下の表に示すように、措置命令からの課徴金命令への移行は意外に少ない。

課徴金命令実質第1号の日産自動車に関し、それが取り消されるという事態に至った影響なのか、慎重な運用が行われている感じがする（多くの事例は上記１の売上要件を満たさないためと思われるが）。

図表P　措置命令事例と課徴金発令

〈2016年度〉

措置命令事例	課徴金発令日	備考
小顔になる効果を標ぼうする役務の提供事業者9社（小顔サービス）：2016年6月30日発令		売上高を満たしていないものと思われる
株式会社オークローンマーケティング（セラフィット）：2016年12月21日発令		
イズミヤ株式会社及び株式会社牛肉商但馬屋（神戸牛）：2016年12月21日発令		
株式会社Xena（VCソープ）：2017年2月2日発令		
日本サプリメント株式会社（ペプチドシリーズ）：2017年2月14日発令		
マハロ、メロディアンハーモニーファイン、千代田薬品工業（水素）：2017年3月3日発令		
株式会社布屋商店（寝具）：2017年3月8日発令		
株式会社だいにち堂（アスタキサンチン アイ&アイ）：2017年3月9日発令		
GMOインターネット株式会社（インターネット接続サービス）：2017年3月22日発令		異議申立に対し、総務省は消費者庁の判断を妥当とした。取消訴訟も提起（2018年8月）
株式会社エネルギア・コミュニケーションズ（光回線インターネット）：2017年3月24日発令	2018年3月23日発令	
株式会社エービーシーマート（47商品）：2017年3月28日発令		
西村商店こと山本勇（駿河湾直送桜えび）：2017年3月30日発令		
株式会社ミーロード（B-UPサプリ）：2017年3月30日発令	2018年3月23日発令	

〈2017年度〉

措置命令事例	課徴金発令日	備考
プラスワン・マーケティング株式会社（FREETEL）：2017年4月21日発令	2018年3月23日発令	
コスモ石油販売株式会社（自動車の車検サービス）：2017年5月12日発令		
株式会社日本教育クリエイト（研修、講座）：2017年5月19日発令	2018年3月28日発令	
株式会社ナイスリフォーム（リフォーム工事）：2017年6月8日発令		
株式会社ボーネルンド（玩具）：2017年6月23日発令		
株式会社ヒーライン（自動車用タイヤ）：2017年6月28日発令		
東京瓦斯、東京ガスライフバル文京、東京ガスイズミエナジー（ガス機器）：2017年7月13日発令		
グリー株式会社（オンラインゲームにおけるアイテムの使用許諾）：2017年7月19日発令		
ガンホー・オンラインエンターテイメント株式会社（オンラインゲーム）：2017年7月19日発令	2018年3月28日発令	
ソフトバンク株式会社（AppleWatch第1世代）：2017年7月27日発令		
株式会社JC及び株式会社ジーユス（シルクパジャマ）：2017年8月8日発令		
ホクレン農業協同組合連合会（道産原料を使用した加工食品）：2017年8月22日発令		

〈2017 年度〉

措置命令事例	課徴金発令日	備考
株式会社ミニミニ福岡（不動産賃貸仲介）：2017 年 8 月 30 日発令		
ティーライフ株式会社（ダイエットプーアール茶）：2017 年 9 月 29 日発令	2019 年 3 月 22 日発令	
株式会社 ARS 及び株式会社リュウセン（日常生活の各種トラブル解決）：2017 年 11 月 2 日発令	2018 年 6 月 29 日発令	
葛の花由来イソフラボンを機能性関与成分とする機能性表示食品販売事業者：2017 年 11 月 7 日発令	2018 年 1 月 19 日発令	措置命令 16 社、課徴金 9 社。7 社は売上基準で除外
有限会社ヴィアン（中古自動車）：2017 年 11 月 10 日発令		
株式会社ライトニング（特定電子メール「アプリ・チャット」）：2017 年 11 月 20 日発令		
株式会社イエローハット（カー用品）：2017 年 12 月 1 日発令		
株式会社シーズメン（衣料品）：2017 年 12 月 5 日発令		
株式会社 IDOM（中古自動車）：2017 年 12 月 8 日発令		
株式会社 SAKLIKIT（cc+ DOWN LEGGINGS）：2017 年 12 月 14 日発令	2018 年 10 月 5 日発令	
株式会社 e- chance（レニュマックス）：2017 年 12 月 19 日発令	2019 年 5 月 24 日発令	
全国農業協同組合連合会兵庫県本部（神戸プレジール〈神戸市中央区〉）：2017 年 12 月 22 日発令		

〈2017 年度〉

措置命令事例	課徴金発令日	備考
イオンライフ株式会社（イオンのお葬式）：2017 年 12 月 22 日発令	2019 年 4 月 12 日発令	
アマゾンジャパン合同会社（アマゾン商品）：2017 年 12 月 27 日発令		取消訴訟提起（2018 年 1 月）
有限会社オートランドナカガワ（中古自動車 16 台）：2018 年 1 月 12 日発令		
株式会社メガスポーツ（SPORTS AUTHORITY）：2017 年 1 月 12 日発令		
アワ・ハーム・カンパニー・リミテッド（クーラ限定ガチャ）：2018 年 1 月 26 日発令		
東レ株式会社（トレビーノ PT302F メガ盛りパック）：2018 年 2 月 1 日発令		
株式会社 SPRING（7+ English）：2018 年 3 月 2 日発令		
株式会社 MOTHER（特定電子メール〔MOON〕）：2018 年 3 月 13 日発令		
ジュピターショップチャンネル株式会社（テレビ、ずわいがに）：2018 年 3 月 16 日発令	2019 年 3 月 29 日発令	
マカフィー株式会社（セキュリティソフトウェアの使用許諾）：2018 年 3 月 22 日発令		
株式会社ギミックパターン（インナー及び石けん）：2018 年 3 月 26 日発令	2018 年 10 月 5 日発令	
生活協同組合連合会グリーンコープ連合（ウインナーソーセージ）：2018 年 3 月 27 日発令		
株式会社 DMM.com 及び株式会社 UPQ（液晶ディスプレイ）：2018 年 3 月 29 日発令	2019 年 10 月 19 日発令	

〈2018年度〉

措置命令事例	課徴金発令日	備考
株式会社良品計画（ソファカバー）：2018年4月25日		
農事組合法人石垣島海のもの山のもの生産組合（食品）：2018年5月15日		
イオンリテール株式会社（食品）：2018年4月19日（大阪府）	2019年5月24日発令	
株式会社エー・ピーカンパニー（食品）：2018年5月22日	2019年3月1日発令	
株式会社TSUTAYA（動画配信サービス）：2018年5月30日発令	2019年2月22日発令	
キリンシティ株式会社（食品）：2018年6月13日		
株式会社ブレインハーツ（食品、石鹸、下着）：2018年6月15日		
HITOWAケアサービス株式会社（有料老人ホーム）：2018年7月3日		
日本マクドナルド株式会社（飲食店）：2018年7月24日		
株式会社Life Leaf（食品）：2018年7月25日	2018年10月26日発令	
株式会社GLORIA（食品）：2018年7月30日	2019年3月22日発令	
株式会社キリン堂（健康美容）：2018年9月4日		
株式会社ジャパネットたかた（家電・電子機器）：2018年10月18日		
株式会社言歩木（健康美容）：2018年10月25日	2018年10月25日発令	

〈2018 年度〉

措置命令事例	課徴金発令日	備考
株式会社シエル事件：2018 年 10 月 31 日発令	2018年10月31日発令	
チムニー株式会社事件：2018 年 11 月 7 日発令		
株式会社ユニクエスト事件：2018 年 12 月 21 日発令		
株式会社はぴねすくらぶ事件：2019 年 1 月 17 日発令		
小顔になる効果を標ぼうするサービスの提供事業者 2 社に措置命令：2019 年 2 月 20 日発令		
株式会社ライフサポート：2019 年 3 月 6 日発令		
株式会社ドラミカンパニー：2019 年 3 月 11 日発令（静岡県）		
株式会社産業経済新聞社（他販売所 2 か所）事件：2019 年 3 月 19 日発令（大阪府）		
加圧による痩身効果及び筋肉増強効果を標ぼうするシャツ等の事業者 9 社：2019 年 3 月 22 日発令	・株式会社 GLANd（2019年8月28日発令） ・株式会社イーライ（2019年11月29日発令）	
株式会社 Growas 事件：2019 年 3 月 28 日	2020 年2月7日発令	
酵素等の成分の作用による痩身効果を標ぼうする食品の販売事業者 5 社：2019 年 3 月 29 日		
株式会社アルトルイズム：2019 年 3 月 29 日	2019年6月26日発令	

〈2019年度〉

措置命令事例	課徴金発令日	備考
イオンペット株式会社：2019年4月3日	2019年8月7日発令	
株式会社ロイヤルダイニング：2019年4月16日		
株式会社BLI：2019年4月26日		
有限会社鹿北製油：2019年5月9日（鹿児島県）		
株式会社ダイナック：2019年5月22日（東京都）		
株式会社ECホールディングス：2019年6月5日		
株式会社髙島屋：2019年6月13日		
株式会社よりそう：2019年6月14日	2020年3月27日発令	
株式会社かなたに：2019年6月19日（大阪府）		
フィリップ・モリス・ジャパン合同会社：2019年6月21日		
ふるさと和漢堂株式会社：2019年6月28日	2020年3月6日発令	
LINEモバイル株式会社：2019年7月2日	2019年12月27日発令	
光触媒を使用したマスクの販売事業者4社：2019年7月4日		
株式会社サンプラザ：2019年7月8日		
株式会社エムアイカード：2019年7月8日	2020年3月24日発令	
株式会社ブルースター：2019年8月7日		
株式会社ホームグリーン：2019年8月7日		

〈2019年度〉

措置命令事例	課徴金発令日	備考
株式会社RAVIPA（ラヴィパ）：2019年8月20日（埼玉県）		
公衆浴場を運営する事業者2社：2019年8月27日（大阪府）		
株式会社トラスト：2019年9月20日		
株式会社ファクトリージャパングループ：2019年10月9日		
株式会社プラスワン：2019年10月16日		
イマジン・グローバル・ケア株式会社：2019年11月1日		
株式会社MJG：2019年11月18日（埼玉県）		
痩身効果を標ぼうするダイエットパッチの販売事業者3社：2019年11月29日		
毎日新聞3販売所：2019年12月10日（大阪）		
株式会社ダッドウェイ：2019年12月20日		
株式会社キュラーズ：2020年1月17日		

課徴金を巧みに抑えた日本マクドナルド事件

措置命令から課徴金命令に移行する際には、「相当の注意」が最大論点となるが、ケースによっては「違反広告からの売上」も重要な論点となる。

そのことを示したのが日本マクドナルド事件で、その概要はこうだ。

問題となったマクドナルドの
「ローストビーフバーガー」

東京ローストビーフバーガー

肉の旨みがごっついローストビーフとジューシーな100%ビーフパティを、バゲット風バンズでギュッてしたバーガーです。

期間限定

東京ローストビーフマフィン

さっぱりしながらも肉の旨みがしっかりと感じられるローストビーフを、朝の定番マフィンでサンドしましてん。

期間限定

◇◇

1. 日本マクドナルドはテレビコマーシャルにおいて、「ローストビーフバーガー」と言ってCMを行い、牛のブロック肉が使用されているかのような表示を行っていたが、実際には牛の形成肉(牛赤身のブロック肉を切断加工したものを加熱して結合させて、形状を整えたもの)を用いていた。
2. 2018年7月24日に措置命令を受け、2019年5月24日に2,171万円の課徴金支払いが命じられた。

◇◇

2,171万円の課徴金なので、対象売上はその約30倍。

約6億円。

これは直営店におけるローストビーフバーガーの売上で、フランチャイズ店におけるそれは含まれていなかった。理由は、フランチャイズ店におけるローストビーフバーガーの売上がそのまま本部に入るわけではなく、本部に入るのはフランチャイズ契約による上納金だから、というロジック。

フランチャイズ店の売上も入れば課徴金はその何十倍になったと思われるので、日本マクドナルドは巧みに戦ったと業界では評価されている。

優良誤認の事件簿

②措置命令・事件別

優良誤認の判断フロー

あらかじめ、優良誤認の判断フローを確認しておこう。
フローチャートにすると、以下のようになる。

図表Q　優良誤認の判断フロー

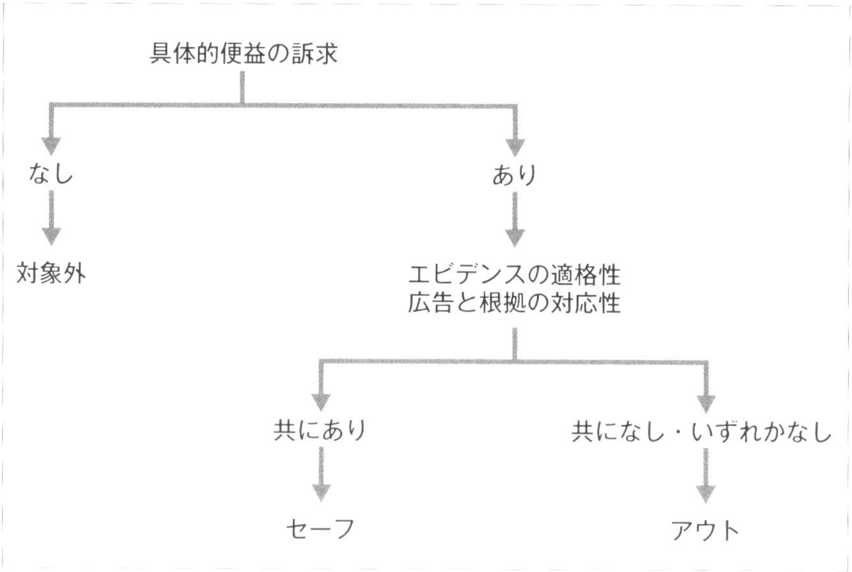

3度敗れた、だいにち堂社

アスタキサンチンのアイサプリを販売する、だいにち堂社。
次のような広告が景表法違反とされ、2017年3月9日に措置命令を受けた。

景表法違反とされた、だいにち堂社の広告

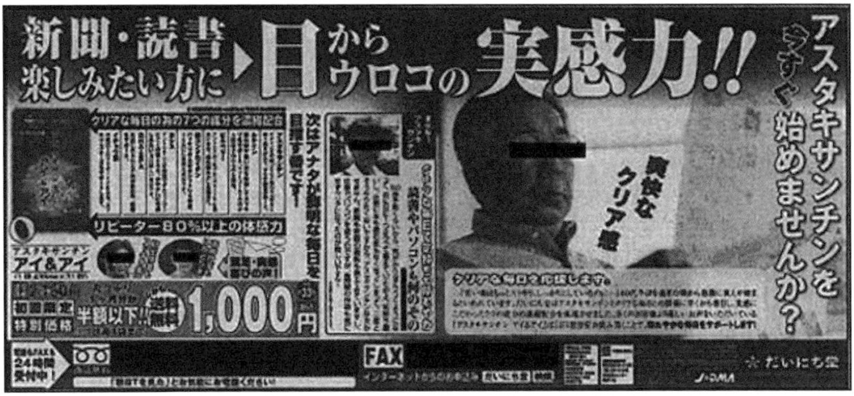

体に対する具体的変化をうたうと薬事法違反になる。

そこで、この広告は、「目からウロコの実感力」など、ぼかした表現をしている。それでも景表法違反と言われた。

だいにち堂社はそれを争い、異議申し立て（審査請求）を行い、また、取消訴訟も提起した。

しかし、共に斥けられている（審査請求は2018年２月２日に斥けられ、取消訴訟は2020年３月４日に請求棄却判決）。

これは、景表法の判断において、「具体的便益の訴求」がアバウトに認められることに帰因している。

ここは、薬事法における「体の具体的変化」の訴求の判断とは異なる。

薬事法の場合、「体の具体的変化」が肯定されればそれで薬事法違反となるが、景表法の場合は、「具体的便益の訴求」が肯定されればそれで景表法違反となるわけではない。

この点が肯定されても言わば景表法の俎上に乗るだけで、その後に「エビデンスの適格性」「広告と根拠の対応性」が審査されて結論が出る。

この違いが、両者の判断の仕方の差をもたらしているように思える。

薬事法と景表法の考え方の違い：Xena 社事件

薬事法における「体の具体的変化の訴求」と、景表法における「具体的便益の訴求」の違いを痛感させたのは、Xena 社の VC ソープ広告に対する措置命令だった（2017年2月2日）。

その広告は次のようなものだった。

措置命令を受けたXena 社の「VC ソープ」の広告

この広告のキャッチは、

(1)「シミを目立たなく」と (2)「ビタミン洗顔で洗い流しませんか？」

と書き分けていて、(1)はBBクリームで受ける構造になっている(BBクリームとはシミを隠すものなので、体の具体的変化をもたらすことにはならないため、これで薬事法クリアー)。にもかかわらず、措置命令では「シミを『ビタミン洗顔』で洗い流しませんか？」と表示していたとされている。

これは、以下のようなこととなる。

薬事法は100%表現規制なので、表現の行われ方は厳密に解釈される。それゆえ、(1)と(2)を書き分けていることも考慮される。

しかし景表法は、根拠がポイントなので、表現の解釈はアバウト。そこで、「シミを『ビタミン洗顔』で洗い流しませんか？」と読み込んでいる。

このように、薬事法の解釈方法と景表法の解釈方法は異なる。

薬事法OK、景表法NG？　ブロリコ研究所事件

上記のように、「体の具体的変化」を訴求していると薬事法違反となるが、それは商品広告の話で、成分に落とし込むと不可ではないという考え方がある。

これは薬事法上の広告の定義に立脚している(厚労省平成10年9月29日通知)。

つまり———

① 顧客を誘引する(顧客の購入意欲を昂進させる)意図が明確であること
② 特定医薬品等商品名が明らかにされていること
③ 一般人が認知できる状態であること

の3要件が充足されないと対象外となる。

そこで、イマジン・グローバル・ケア社は、ブロッコリーの成分(ブロリコ)が免疫力を活性化するという訴求をブロリコ研究所で行って、資料請求を獲得しつつ、資料請求者には、ブロリコ研究所から成分の効能を述べる資料(A)を送り、イマジン・グローバル・ケア社から商品資料(効能は一切述べない)(B)を送るというやり方を展開していた。

図表Ｒ　イマジン・グローバル・ケア社が行っていた広告手法

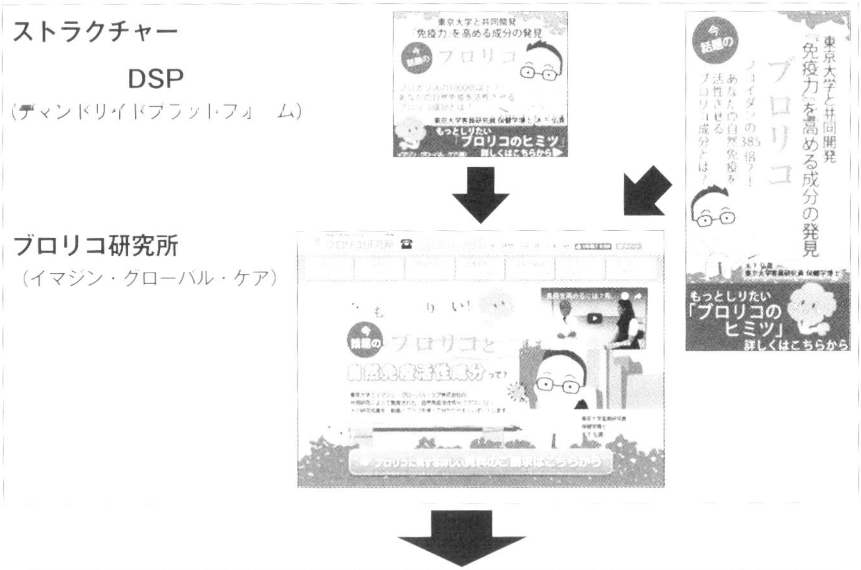

イマジン・グローバル・ケア社は、ブロリコ研究所への資料請求に対してブロリコ研究所から免疫力をＵＰするとうたった成分冊子を送り、イマジン社から効能を述べない商品冊子を送っていた

成分の効能が記された資料(A)は、商品広告ではないから薬事法対象外で、商品広告に相当する資料(B)は「体の具体的変化」を述べていないから薬事法セーフ、というロジックに基づく。

しかし、景表法をかわすことはできずに、2019年11月1日、イマジン・グローバル・ケア社は措置命令を受けた。

そこでは、

「イマジン・グローバル・ケアは、本件商品を一般消費者に販売するに当たり、自社ウェブサイトを通じて『ブロリコ』と称する成分に係る資料を請求した一般消費者に対して、冊子及びチラシを送付するとともに、本件商品の注文はがき付きチラシ及び本件商品の無料サンプルを送付してい

たところ、たとえば、冊子において、『免疫力を高めるブロリコとの出会い』と表示するなど、本件商品を摂取するだけで、免疫力が高まる効果が得られるかのように示す表示をしていた。」

と述べられていた。

つまり、ブロリコ研究所の訴求とイマジン・グローバル・ケア社の訴求を、ブロリコサイドは峻別して行っていたが、消費者庁はあっさりと一体と見たわけで、その根底にはこれまで述べた「具体的便益」の訴求をアバウトに見る景表法の見方が横たわっている。

臨床試験の適格性を示唆したブロリコ研究所事件

私どもは消費者庁との水面下のやり取りで、臨床試験をエビデンスとする場合の消費者庁の基準はこんなものであろうというクライテリア（判定基準）を掴んでいる。

それは———

(1)　ダブルブラインド比較試験が行われていること

(2)　アクティブとプラセボの群間有意差があること

である（他にもあるが高度に専門的なので、ここでは省いておく）。

(1)は本物の商品（アクティブ）と偽物の商品（プラセボ）を用意しておいて、どちらがどちらか、試験を行う側にも試験に参加する側（被験者）にもわからないようにしておく、ということ。

一説によると、まつげが伸びる医薬品の試験において、プラセボでもまつげが伸びた人がいた、とのこと。これがいわゆるプラセボ効果＝思い込み効果。

これを排除して真の実力を知るには、アクティブとプラセボと両方で試験をして、その比較を行えばよい。

そこで比較が重要な意味を持つ。

ところが、ブロリコ事件でイマジン・グローバル・ケア社が提出した免疫力に関するエビデンスは次のようなものだった。

図表S　NK細胞の活性化率

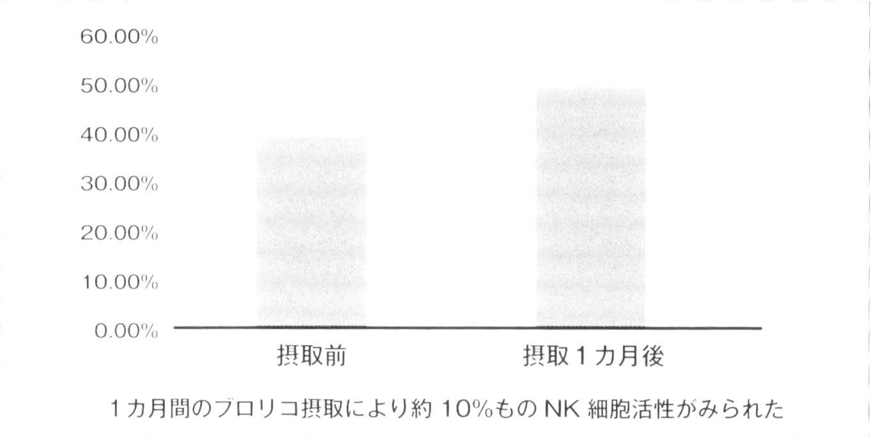

つまり、アクティブの前後比較で、ダブルブラインドの群間比較ではなかった。

これではエビデンスとしての適格性が十分ではない。

有意差検定も怠ったブロリコ事件

さらにイマジン・グローバル・ケア社がまずかったのが、提出したエビデンスに関して有意差検定を行っていなかったことだ。

きちんとした臨床試験であれば、通常得られた結果について有意差検定を行う。

有意差とは意味のある差で、P<0.05だと有意差あり。

この「P」を計算するのが有意差検定。

上記のアクティブとプラセボの値の比較に関し、P<0.05であればこの差には意味がある。

「たまたまそうなった」のではなく「必然的にそうなった」と考える。したがって、有意差検定が行われていないということは、「たまたまよかったのではないか」という疑念が拭えないことになり、エビデンスの適格性として不十分ということになる。

ブロリコ研究所事件では、上記の図のように、10%改善という出し方で、有意差検定が行われていなかった。

東大先端研のエビデンスで敗れた抱っこひものダッドウェイ社

2019年12月20日、抱っこひものダッドウェイ社が措置命令を受けた。

「肩への負担が1/7（他社比）」、「一般的な腰ベルト付き抱っこひもを100とした場合、エルゴベビーはわずかその14%程度」といった広告に根拠がないとされた。

その広告は次のようなもの。

措置命令を受けたダッドウェイ社の広告

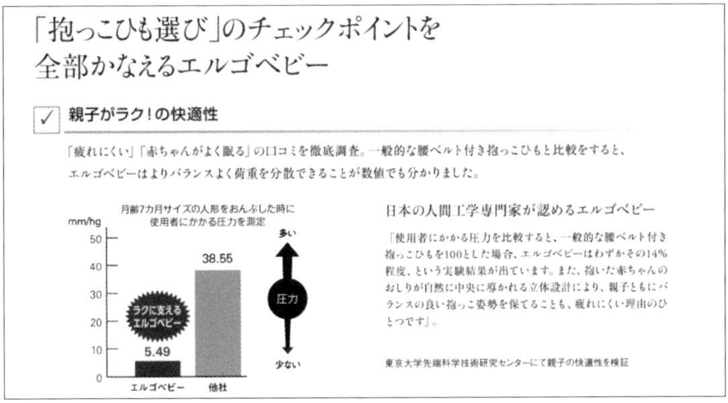

グラフの右横には「東京大学先端科学技術研究センターにて親子の快適性を検証」とある。

ダッドウェイ社が東大先端研に依頼して、どのようなエビデンスを備えたのかは定かではないが、エビデンスと広告の架橋を行う専門家の必要性を感じさせる事件だと思う。

広告と根拠のミスマッチを指摘された、だいにち堂社

2017年3月に措置命令を受けた、だいにち堂社は、前述のように審査請求を行ったが、総務省の第三者委員会では次のように広告とエビデンスのミスマッチを指摘されている。

本件資料D2は、本件商品の含有成分であるアスタキサンチンに関し、本件資料D9は、本件商品の含有成分であるアントシアニンに関し、それぞれ人に対する効能を検証した試験結果である。

しかしながら、本件資料D2及びD9における試験に使用された上記成分と本件商品の含有成分の量が全く異なるものであること、本件資料D2における試験対象者は平均年齢24.6歳の10名、本件資料D9における試験対象者は平均年齢32.6歳の20名であること等、摂取量、摂取者の年齢構成等の試験条件が本件商品の使用態様と大きく異なるものと認められ、これらの資料をもって、表示の裏付けとなる合理的な資料ということはできない。

つまり、

① ポイントとなる成分であるアスタキサンチン、アントシアニンの含有量が試験品と商品では異なる。

② 広告はシニア訴求だが、エビデンスの平均年齢は24.6歳、32.6歳と若い

と言う。

どんなに立派なエビデンスであっても、あくまでも広告の裏付けなのだから、広告とのミスマッチがあったのでは意味がない。

前著で紹介した、空間除菌剤事件（2014年３月27日措置命令）や、虫よけ剤事件（2015年２月20日措置命令）でも、この点が措置命令の原因となっていると思える。

とても重要なポイントだ。

有意差を出せていなかった、えがお社の論文

2016年３月30日、えがお社のヒット商品「えがおの黒酢」に対して措置命令が下された。

措置命令を受けたえがお社の「えがおの黒酢」の広告

商品名	えがおの黒酢
名称	玄米黒酢加工食品
原材料名	黒酢濃縮粉末（黒酢、米粉、米エキス）、大豆ペプチド、えんどう豆ペプチド、植物油脂、大豆油、紅花油、黒酢もろみ粉末、納豆菌抽出物（納豆キナーゼ含有）、黒大豆ペプチド、ゼラチン、グリセリン、ミツロウ、フラボノイド色素、大豆レシチン
内容量	３４．７２グラム（５６０ミリグラム×６２粒）

薬事法ドットコムで配信されている「違反事例集」では、こう伝えている。

「消費者庁が根拠のない痩身効果をうたったとして
熊本市の株式会社えがおに景表法に基づく措置命令」

消費者庁は30日、黒酢のサプリメントを摂取するだけで簡単に著しいダイエット効果を得られるかのような表示を行ったとして、熊本市の株式会社えがお（北野忠男代表）に対し、景品表示法に基づく措置命令を出したと発表したとのことです。

消費者庁によると、同社は2013年３月19日～14年９月30日と14年５月22日～15年５月30日までの期間、自社ウェブサイトで、サプリメント『えがおの黒酢』の痩身効果を「人より効果が出にくい私。最初からアミノ酸を使っていたら……」、「タンスの奥のジーンズが出せた！」、「運動量は変わらないのに遂に出産前のスタイルに！」など、特段の運動や食事制限を行うこともなく、簡単に痩せられるかのように表示していたとのことです。

同社から関連資料が提出されたが、消費者庁は合理的な根拠を示すものではないと判断し、同社に対し、表示内容が景表法に違反する旨の一般消費者への周知徹底や、再発防止策の整備などを命じたとのことです。

同社は今回の措置命令について、「昨年の６月以降、対象の表示物の削除は終わっている。役員と従業員に対する関連法規の周知徹底も実施し、再発防止のためのコンプライアンスを徹底するための体制を構築している」と話しているとのことです。

ところで、えがお社は、この商品についてダブルブラインドの比較試験を行い、その結果について有意差検定を行った臨床試験の結果を医学誌に掲載していた。

医学誌に掲載された「えがおの黒酢」に関する論文

【原　著】

黒酢含有食品の体脂肪及びエネルギー代謝へおよぼす影響

Effects of a Dietary Supplement Containing Kurozu Concentrate on Body Fat and Energy Metabolism

濱舘直史[1*]，瀬戸加代子[1]，矢澤一良[2]
Naobumi HAMADATE[1*], Kayoko SETO[1], Kazunaga YAZAWA[2]

[1] 株式会社えがお　研究開発部
[2] 東京海洋大学「食の安全と機能（ヘルスフード科学）に関する研究」プロジェクト

【要　旨】
黒酢は，日本をはじめとする東アジアを中心に伝統のある発酵食品であり，様々な健康機能を持っていることが報告されている．本試験では，軽度肥満成人に黒酢含有食品を 12 週間摂取させるとともに毎日 10 分間程度の運動を併用させることで，体脂肪の減少効果およびエネルギー代謝への効果について，プラセボ食品を対照としたダブルブラインド法にて検討した．その結果，黒酢含有食品摂取群では，ヒップ周囲長の減少傾向，消費エネルギーが脂肪メインになるとともに運動時のエネルギー消費量が大きくなる傾向，脂肪量が多いほど脂肪量を減少させる効果が大きいことが示された．また，12 週間の黒酢含有食品の安全性について問題は見られず，安全に摂取できる食品であることが確認された．以上のことから，適切な運動と黒酢含有食品の摂取は，メタボリックシンドロームの改善に寄与することが示唆された．

【キーワード】
黒酢，酢，発酵食品，体脂肪，代謝

はじめに

酢は，食用調味料の一種として，紀元前 5000 年前頃の記録にも残っており，また日本への伝来は，中国からとされる．日本農林規格には，食酢の分類が記載されている．一般的に食酢の成分は，酢酸が 3～5%のものが多く，乳酸，クエン酸などの有機酸を多く含む．醸造法は，原料となる穀物や果実からアルコール発酵させ，エタノールを生成させ，酢酸菌によって，酢酸発酵させる方法が一般的である．

黒酢は，食酢の一種であるが，静置発酵法と呼ばれる食酢麹や酵母，酢酸菌を使って原料を発酵させ，壺の中で熟成をさせたものを指すことが多い．熟成が進むにつれて，褐色を帯びてくることから黒酢と呼ばれる．黒酢の生体に対する効果は，血圧調節作用[1,2)]，血糖調節作用[3,4)]，血流改善作用[5)]，などをもつことが報告されている．また，発酵・熟成させることによって，原料が十分分解されアミノ酸が多く存在することで知られる．アミノ酸は筋肉を構成するたんぱく質の最小単位であり，様々な生理機能を担っている．その中でも，分岐鎖アミノ酸 (BCAA) と呼ばれるバリン，ロイシン，イソロイシンは，筋タンパク質の必須アミノ酸約 35%を占めるとともに，様々な生理機能が報告されている．たとえば，筋タンパク質の分解抑制効果[6,7)]，抗疲労効果[8)] などである．黒酢の研究においても有効成分については諸説あるが，Tong らは，黒酢をラットに飲ませることによって脂肪吸

つまり、エビデンスの適格性で問われているクライテリア（基準）のフォーマリティ（手続き）は満たしていたわけである。

ところが、この論文の要旨には、「黒酢含有食品摂取群では、ヒップ周囲長の減少傾向、消費エネルギーが脂肪メインになるとともに運動時のエネルギー消費量が大きくなる傾向、脂肪量が多いほど脂肪量を減少させる効果が大きいことが示された」とある。

ここに言う「傾向」とは、$P<0.1$のことを指している。つまり$P<0.05$には至らなかったわけだ。

臨床試験の統計処理(有意差検定)のやり方にはいろいろなやり方があるので、もし消費者庁として、$P<0.05$をクライテリアとしているという情報があったならば(本書のようなものがその当時あったならば)、この論文ももう少し違った内容になっていたのではないかと思われる。

事前に謝罪メッセージを出していたえがお社

ところで、上記のニュースには、えがお社のコメントとして、「昨年の6月以降」ということが語られている。「昨年」とは2015年のことだが、これは一体どういうことなのか？

実はえがお社は当時、次のような謝罪メッセージをHPに載せていた。

えがお社がHPに掲載した謝罪メッセージ

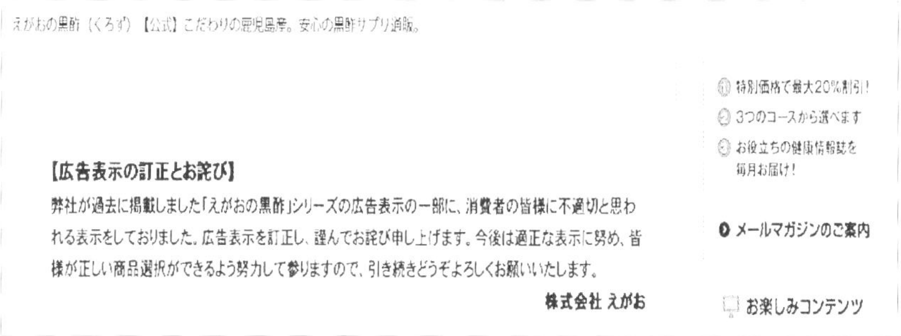

えがお社が、このような謝罪を自発的に行うとは思えず、消費者庁とのやり取りの下にこのようなメッセージの掲載が行われたと思われる。

えがお社のコメントにあるように、コンプライアンス体制の確立など、後始末もすべて行われているようで、通常ならこれで一件落着となっておかしくない(類似の事例でそうなっているケースもある)。

しかし、実際にはそれから9カ月後に措置命令を受けている。

何らかのミスコミュニケーションがあったのかもしれない。

コラム3　臨床試験におけるモニターの数（サンプルサイズ）

エビデンスとして臨床試験を行いたいが、モニター数（被験者数）をどう考えたらよいのか？　とよく問われる。

これはサンプルサイズ（N数）と言われる問題だが、私は第１に「G.Power」に従い、第２に既存研究があればそれに従うことにしている。

これまでのところ、この考え方について消費者庁から何か言われたことはない。

まず、G.Power。

サンプルサイズを割り出すに当たり、１群と２群では異なり、また変数として、本文で述べたＰ値の他、Effect Size(効果量)とPower（検出力）をどう入れるのかによって異なる。

Ｐ値は確率論、統計学のみに基づいて構築された考え方なので、机上の空論に陥る危険がある。特にＮ数が大きいとＰ値はよくなり、Ｎ数が小さいとＰ値は悪くなる。

しかし、たとえば７人程度の試験であっても、その結果をよく分析すると、もしかしたらとても意味のある試験かもしれない。

こういう机上の空論を避けるためにEffect SizeやPowerといったＰ値以外の指標が用いられる。

詳細は省略するが、Ｐ値はＰ＜0.05にほぼ異論はなく、Effect Sizeは0.5がベストで、１に近づくにつれ信頼が下がる。Powerは0.8くらいが妥当なところで、数値が下がると信頼度が下がる。

２群について以上の数値を入れてみると、次のようになる。

独立2群

[1] - Friday, June 01, 2018 - 17:28:09

t tests - Means: Difference between two independent means (two groups)

Analysis:	A priori: Compute required sample size	
Input:	Tail(s)	= Two
	Effect size d	= 0.5
	α err prob	= 0.05
	Power (1-β err prob)	= 0.8
	Allocation ratio N2/N1	= 1
Output:	Noncentrality parameter δ	= 2.8284271
	Critical t	= 1.9789706
	Df	= 126
	Sample size group 1	= 64
	Sample size group 2	= 64
	Total sample size	= 128
	Actual power	= 0.8014596

△

[6] - Friday, June 01, 2018 - 17:28:56

t tests - Means: Difference between two independent means (two groups)

Analysis:	A priori: Compute required sample size	
Input	Tail(s)	= Two
	・Effect sized	= 0.7
	α err prob	= 0.05
	・Power (1-β err prob)	= 0.7
	Allocation ratio N2/N1	= 1
Output	Noncentrality parameter δ	= 2.5719642
	Critical t	= 2.0066468
	Df	= 52
	Sample size group 1	= 27
	Sample size group 2	= 27
	・Total sample size	= 54
	Actual power	= 0.7137135

△
〜
X

[7] - Friday, June 01, 2018 - 17:29:09

t tests - Means: Difference between two independent means (two groups)

Analysis:	A priori: Compute required sample size	
Input	Tail(s)	= Two
	・Effect sized	= 0.8
	α err prob	= 0.05
	・Power (1-β err prob)	= 0.7
	Allocation ratio N2/N1	= 1
Output	Noncentrality parameter	= 2.5922963
	Critical t	= 2.0210754
	Df	= 40
	Sample size group 1	= 21
	Sample size group 2	= 21
	・Total sample size	= 42
	Actual power	= 0.7155555

P=0.05　Effect Size＝0.5、Power＝0.8という理想形だと、
N=64×2＝128となる（[1]）。

ちょっと甘くして、P=0.05、Effect Size＝0.7、Power＝0.7とすると、
N=27×2＝54となる（[6]）。

これで、△という感じ。

さらに甘くして、P＝0.05、Effect Size＝0.8、Power＝0.7とすると、
N=21×2＝42となる（[7]）。

これで、△～Xという感じ。

優良誤認の事件簿③
措置命令・テーマ別

禁句

薬事法が（体の具体的変化を）言うだけでアウトという世界なのに対し、景表法は言うだけでアウトというわけではなく、言っていることに根拠がなければアウト、逆に根拠があればセーフ、という世界。

このことはすでに述べた通りである。

しかし、運用を見ると、景表法でも言うだけでアウト、エビデンスは端から否定されるというカテゴリーがいくつかある。

その第1は、ダイエット。

「食事制限・運動併用なしで、摂るだけで痩せる」は絶対に認められない。

消費者庁が2016年6月30日にリリースした「健康食品に関する景品表示法及び健康増進法上の留意事項について」P16（2）には、「健康食品の中には、痩身効果を標ぼうするものが多く見受けられる。しかし、消費エネルギーが摂取エネルギーを上回らない限り、人は痩せないのであって、特定の健康食品を摂取するだけで、特段の運動や食事制限をすることなく、短期間で容易に痩身効果が得られることはない。」という記述がある。

しかし、「飲むだけで痩せる」と言えば売れるので、そううたって措置命令を受ける例が絶えない。

たとえば、何度か触れた2019年3月29日の措置命令。

2019年3月29日に消費者庁がリリースした措置命令

消費者庁
Consumer Affairs Agency, Government of Japan

News Release

平成３１年３月２９日
令和２年５月１５日一部変更 (注)

酵素等の成分の作用による痩身効果を標ぼうする食品の販売事業者
４社に対する景品表示法に基づく措置命令について

消費者庁は、本日、酵素等の成分の作用による痩身効果を標ぼうする食品の販売事業者４社（以下「４社」といいます。）に対し、４社が供給する食品に係る表示について、それぞれ、景品表示法に違反する行為（同法第５条第１号（優良誤認）に該当）が認められたことから、同法第７条第１項の規定に基づき、措置命令（別添１ないし別添４参照）を行いました。

1　４社の概要

(1)　措置命令において、一般消費者に対する誤認排除措置、再発防止及び不作為を命じる事業者（２社）

	名称（法人番号） 代表者	所在地	設立年月	資本金※
1	ジェイフロンティア株式会社 (9011001063340) 代表取締役　中村　篤弘	東京都渋谷区渋谷二丁目９番９号	平成２０年６月	２６３７万７５００円
2	株式会社ビーボ (2011601017223) 代表取締役　武川　克己	東京都港区北青山三丁目３番５号	平成２２年９月	２０００万円

※いずれも平成３１年３月現在

(注) 株式会社ユニヴァ・フュージョンに対しても、平成３１年３月２９日に措置命令を行ったが、当該措置命令の処分原因事実として認定した表示期間について改めて検討した結果、令和２年５月１５日、当該措置命令を取り消した。

(2)　既に一般消費者に対する誤認排除措置を講じており、措置命令において、再発防止及び不作為を命じる事業者（２社）

	名称（法人番号） 代表者	所在地	設立年月	資本金※
3	株式会社ジプソフィラ (8080401019698) 代表取締役　寺島　清太	東京都新宿区改代町２７番地４クレスト神楽坂２Ｆ	平成２５年１０月	３００万円
4	株式会社モイスト (3010601038030) 代表取締役　池田　英子	東京都江東区亀戸一丁目４番２号	平成２０年１２月	１５００万円

※いずれも平成３１年３月現在

2　措置命令の概要

(1)　対象商品（以下「本件商品」という。）

	名称	対象商品
1	ジェイフロンティア株式会社	「酵水素３２８選生サプリメント」と称する食品
2	株式会社ビーボ	「ベルタ酵素ドリンク」と称する食品
3	株式会社ジプソフィラ	「生酵素」と称する食品
4	株式会社モイスト	「雑穀麹の生酵素」と称する食品

⑵　対象表示

ア　表示の概要

(ｱ)　表示媒体

別紙１「表示媒体」欄記載の表示媒体

(ｲ)　表示期間

別紙１「表示期間」欄記載の表示期間

(ｳ)　表示内容

４社は、それぞれ、例えば、別紙２－１ないし別紙２－４「表示内容」欄記載のとおり表示することにより、あたかも、本件商品を摂取するだけで、本件商品に含まれる成分の作用により、容易に痩身効果が得られるかのように示す表示をしていた。

イ　実際

前記アの表示について、当庁は、景品表示法第７条第２項の規定に基づき、４社に対し、それぞれ、期間を定めて、当該表示の裏付けとなる合理的な根拠を示す資料の提出を求めたところ、４社から資料が提出された。しかし、当該資料はいずれも、当該表示の裏付けとなる合理的な根拠を示すものとは認められないものであった。

⑶　命令の概要

ア　前記１⑴の２社に対する命令の概要

(ｱ)　前記⑵アの表示は、それぞれ、本件商品の内容について、一般消費者に対し、実際のものよりも著しく優良であると示すものであり、景品表示法に違反するものである旨を一般消費者に周知徹底すること。

(ｲ)　再発防止策を講じて、これを役員（前記１⑴の番号２の事業者を除く。）及び従業員に周知徹底すること。

(ｳ)　今後、表示の裏付けとなる合理的な根拠をあらかじめ有することなく、前記⑵アの表示と同様の表示を行わないこと。

イ　前記１⑵の２社に対する命令の概要

(ｱ)　再発防止策を講じて、これを役員（前記１⑵の番号３の事業者を除く。）及び従業員に周知徹底すること。

(ｲ)　今後、表示の裏付けとなる合理的な根拠をあらかじめ有することなく、前記⑵アの表示と同様の表示を行わないこと。

⑷　その他

株式会社ジフソフィラ及び株式会社モイストは、本件商品の内容について、実際のものよりも著しく優良であると示す表示をしていた旨を日刊新聞紙２紙に掲載した。

【本件に対する問合せ先】
消費者庁表示対策課食品表示対策室
電　　話　０３（[redacted]）[redacted]
ホームページ　https://www.caa.go.jp/

第２は、「着るだけで痩せる」、「着るだけでマッチョ」、「はくだけで足が細くなる」、加圧シャツや加圧レギンスの類。

加圧シャツの９社に対する措置命令（2019年３月22日）が代表例。

消費者庁がリリースした加圧シャツに関する措置命令

消費者庁
Consumer Affairs Agency, Government of Japan

News Release

平成３１年３月２２日

加圧による瘦身効果及び筋肉増強効果を標ぼうするシャツ等の
販売事業者９社に対する景品表示法に基づく措置命令について

消費者庁は、本日、加圧による瘦身効果及び筋肉増強効果を標ぼうするシャツ等（以下「加圧シャツ等」といいます。）の販売事業者９社（以下「９社」といいます。）に対し、９社が供給する加圧シャツ等の衣類に係る表示について、それぞれ、景品表示法に違反する行為（同法第５条第１号（優良誤認）に該当）が認められたことから、同法第７条第１項の規定に基づき、措置命令（別添１ないし９参照）を行いました。

１　９社の概要

番号	名称（法人番号） 代表者	所在地	設立年月	資本金 （万円） 平成３１年 ２月現在	対象商品
1	株式会社イッティ （7010001187341） 代表取締役　瀧本　洋	東京都渋谷区渋谷二丁目１４番１８号	平成２９年１０月	１０,０００	パンプマッスルビルダーＴシャツ
2	加藤貿易株式会社 （3010401082229） 代表取締役　加藤　克也	東京都港区芝大門二丁目１１番１８号	平成２１年６月	１００	・鉄筋スパッツ ・鉄筋スパルタ（腹巻）
3	株式会社ＧＬＡＮｄ（グラン） （5011001115772） 代表取締役　菅　勇	東京都渋谷区渋谷一丁目７番５号青山セブンハイツ８０６	平成２９年４月	５０	・金剛筋シャツ ・金剛筋レギンス ・鉄筋シャツ
4	株式会社ココカラケア （4013301035750） 代表取締役　上田　淳	東京都豊島区要町３－４４－６	平成２６年７月	２００	スレンダーマッチョプラス（シャツ）
5	株式会社ＳＥＥＣ（シーク） （5011001045887） 代表取締役　阿部　隆太郎	東京都渋谷区東三丁目９番１９号	平成１７年１０月	５,０００	マッスルメイク （シャツ）
6	株式会社スリーピース （4013301037532） 代表取締役　髙橋　達也	東京都豊島区池袋二丁目１１番２号	平成２７年８月	３００	ＳＡＳＵＫＥ （シャツ）
7	株式会社トリプルエス （6180001127620） 代表取締役　大村　晋	愛知県一宮市木曽川町黒田字宝光寺３３番地	平成２９年４月	５	・マッスルＸ ・マッスルＸ斬 （いずれもシャツ）
8	株式会社ＢｅＡＮＣＡ（ビアンカ） （2011001098905） 代表取締役　永橋　吉則	東京都渋谷区広尾１－１０－５日興パレス広尾プラザ２０４	平成２６年２月	２００	・阿修羅圧（アシュラーツ）（シャツ） ・阿修羅烈（アシュレーツ）（スパッツ）
9	ＶＩＤＡＮ（ビダン）株式会社 （5010401132056） 代表取締役　福島　亮	東京都港区浜松町一丁目２５番１１号宮下ビル２階	平成２９年６月	１００	・ＴＨＥ　ＢＥＡＳＴ ・ＴＨＥ　ＧＨＯＳＴ （いずれもシャツ）

1

2　措置命令の概要

(1)　対象商品

9社が販売している前記1「対象商品」欄記載の商品

(2)　対象表示

ア　表示媒体

別表1「表示媒体」欄記載の媒体

イ　表示期間

別表1「表示期間」欄記載の期間

ウ　表示内容（別紙1ないし14）

9社は、それぞれ、別表2－1ないし2－14「表示内容」欄記載のとおり表示することにより、あたかも、対象商品を着用するだけで、短期間で容易に著しい痩身効果及び筋肉の増強効果が得られるかのように示す表示をしていた。

エ　実際

前記ウの表示について、当庁は、景品表示法第7条第2項の規定に基づき、9社に対し、それぞれ、期間を定めて、当該表示の裏付けとなる合理的な根拠を示す資料の提出を求めたところ、7社から資料が提出された。しかし、当該資料はいずれも、当該表示の裏付けとなる合理的な根拠を示すものとは認められないものであった。

(3)　命令の概要

ア　前記(2)ウの表示は、それぞれ、対象商品の内容について、一般消費者に対し、実際のものよりも著しく優良であると示すものであり、景品表示法に違反するものである旨を一般消費者に周知徹底すること。

イ　再発防止策を講じて、これを役員（前記1の番号1、5及び9の事業者）及び従業員に周知徹底すること。

ウ　今後、表示の裏付けとなる合理的な根拠をあらかじめ有することなく、前記(2)ウの表示と同様の表示を行わないこと。

【本件に対する問合せ先】
消費者庁表示対策課
電話　03（[redacted]）[redacted]
ホームページ：https://www.caa.go.jp/

レギンスの例としては、ブレインハーツ社に対する措置命令(2018年6月15日)、ギミックパターン社に対する措置命令(2018年3月26日)、SAKLIKIT社に対する措置命令(2017年12月14日)。

措置命令を受けたブレインハーツ社の広告

第３は小顔。

小顔の継続や頭蓋骨の変化は絶対に認めない。

ドラミカンパニー社に対する措置命令（2019年３月11日）、２社に対する措置命令（2018年２月20日）、９社に対する措置命令（2016年６月30日）、元氣ファクトリー社に対する措置命令（2016年３月９日）、一般社団法人美容整体協会に対する措置命令（2013年４月23日）と続いている。

医薬品誤認のロジック

クロレラチラシ事件で京都地裁判決は、優良誤認について、次のようなロジックを展開している。

「研究会チラシが説明するような医薬品的な効能効果があろうがなかろうが、研究会チラシは、一般の消費者に対し、当該効能効果が国による厳格な審査を経ているかのごとき誤認を発生させるおそれがあり、商品を購入させるための不当な誘導となり、一般の消費者の商品選択に不当な影響を与えるのである。」

しかし、これは国の立場と消費者の認識を混同している気がする。

つまり、国は、健康食品には特段の効果はなく、効果があるものは医薬品等国が用意した受け皿に載っている、というロジック、つまり健康食品排除のロジックに立つ。

他方、消費者は国が承認していない健康食品でも、それなりの効果はあると思って健康食品を購入している。つまり、健康食品容認のロジックに立つ。

この判決は、理念と現実のギャップを無視して机上の議論で押し切った感がある。

しかし、その後、適格消費者団体は効能効果に関する優良誤認を攻める際は、必ずこのロジックを用いている。

たとえば、水素水事件ではこう述べている。

「本件対象となる表示は、医薬品としての承認を受けていない上記対象商品につき、医薬品的な効果効能があることを表示するものであり、一般の消費者に対し、対象商品があたかも国により厳格に審査され承認を受けて製造販売されている医薬品であるとの誤認を引き起こすおそれがある。」

ところで、クロレラチラシ事件では、クロレラ療法研究会のチラシは京都地裁判決後に消え去ったが、サン・クロレラ社はサン・クロレラ社名義の商品「サン・クロレラA」が掲載されたチラシを始め、そこには「クロレラは医薬品ではありません」と記載されていた。

この点は、控訴審である大阪地裁判決においては、サン・クロレラ社が今後、優良誤認行為をする恐れがないと判断する、一つのプラスのファクターとなっている。

京都地裁のロジックは今後の判決で踏襲されるのか？

「医薬品ではありません」という記載があったらどうなるのか？

今後の展開が注目される。

体験談を使う場合のポイント

体験談があると消費者は、自分と同じような属性のものがどう感じているのかを注意深く見るので、体験談は広告において重要なパーツとなる。

その体験談に関し、消費者庁発「打消し表示に関する実態調査報告書」(2018年7月14日)は、次のように述べている。

「体験談により一般消費者の誤認を招かないようにするためには、当該商品・サービスの効果、性能等に適切に対応したものを用いることが必要であり、商品の効果、性能等に関して事業者が行った調査における(ⅰ)被験者の数及びその属性、(ⅱ)そのうち体験談と同じような効果、性能等が得られた者が占める割合、(ⅲ)体験談と同じような効果、性能等が得られなかった者が占める割合等を明瞭に表示すべきである。」

つまり、まず体験談とエビデンスが適切にマッチしていることが必要で、次に、集の中での位置付けを示さなければならない。

１点目に関しては、私どもはエビデンスの幅を四分位法で出している。

四分位法とは、データを順番に並べ、４等分して考えていく方法。

図のように4等分し、Q1を第1四分位、Q2を第2四分位、Q3 を第3四分位と呼び、Q1 ~ Q3を四分位範囲と呼ぶ。

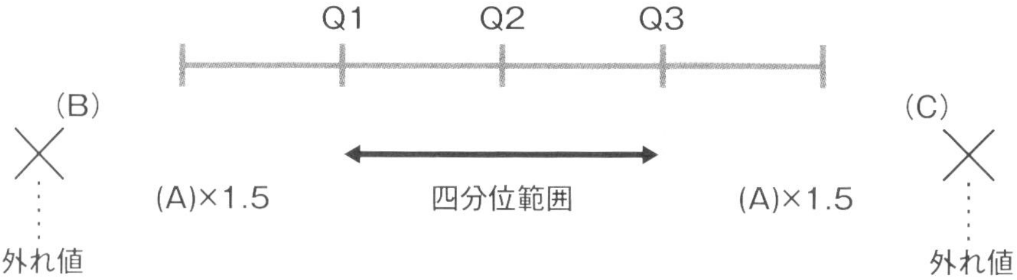

四分位範囲（A）に1.5を掛け、Q3 ＋（A）× 1.5を超える値、Q1 －（A）× 1.5を下回る値を外れ値と呼ぶ。

もし体験談がこの外れ値に相当するのならそれは例外で、エビデンスに対応していないことになる。

よって、第1のチェックポイントとしてこの点を確認する。

たとえば、スポーツジムの広告で体験者の減量値が6 kgで、それを支えるエビデンスとなる10人の体重の減少値が次のようなものであったとする。

図表T　10人(A～J)の体重減少値

体重被験者			変化量
A	66.1	63.3	-2.8
B	88.7	85.2	-3.5
C	63.3	59.5	-3.8
D	57.9	54	-3.9
E	67.4	65.3	-2.1
F	60.5	61.4	0.9
G	54.9	53.8	-1.1
H	64.4	60.9	-3.5
I	65.3	60.1	-5.2
J	46.5	44.7	-1.8

	第一四分位	第二四分位	第三四分位	四分位範囲	四分位偏差	上内境界点	下内境界点
摂取前	58.55	63.85	65.9	7.35	3.68	76.925	47.525
摂取後	55.38	60.5	62.83	7.45	3.73	74	44.2

この場合、四分位範囲は　+0.9～－5.2kg、上限(C)は+0.9kg、下限(B)は－6.5kgとなり、広告の体験者のエビデンスと適切に対応していることになる。

次に、消費者庁の基準(ⅰ)(ⅱ)(ⅲ)に沿って全体像を示す。

たとえば、外れ値が1名だった場合、「(ⅰ)被験者は60歳以上の男性10名、(ⅱ)体験談と同じような効果が得られた者の割合は90%、(ⅲ)そうでない者の割合は10%」といった感じになる。

事例としては、埼玉消費者被害をなくす会が、埼玉の整体院の広告において、腰痛が治ったといった体験談を掲載していることに関して、「そのような効果について、それを裏付ける合理的な根拠を示す資料やデータが示されておりませんし、体験談を掲載するに当たり、(ⅰ)貴院が施術を施した患者の数及びその属性、(ⅱ)そのうち体験談と同じような効果、性能等が得られた者が占める割合、(iii) 体験談と同じような効果、性能等が得られなかった者が占める割合等を確認」していないと、前述の消費者庁ガイドラインに沿った追及を行っている。

ただ、消費者庁に問い合わせたところ、この表記が不可欠というわけではなく、他にも「誰でもそうなれる」かの如き誤認を与えない表記法があるのであればそれでもよい、とのことだった。

20代で月商1億円のアフィリエイター

インターネットでの集客法としてアフィリエイトというやり方（プログラム）がある。

インターネットの世界には、個人の達人が少なくない。彼らに集客を頼み、獲得できたら報酬を払うというやり方。これがアフィリエイト。

この達人をアフィリエイターと呼び、アフィリエイターを束ねアフィリエイターに仕事を回し報酬を払う仲介者をASP（アフィリエイトサービスプロバイダー）と呼ぶ。

アフィリエイトサービスプロバイダー　管理画面：1

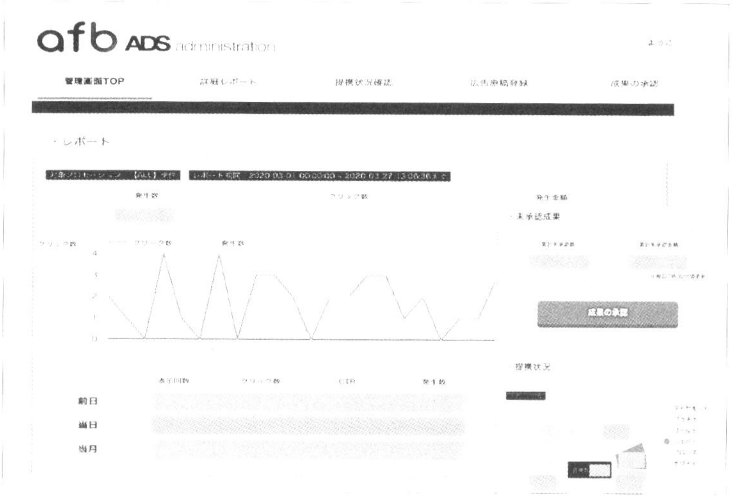

アフィリエイトサービスプロバイダー　管理画面：2

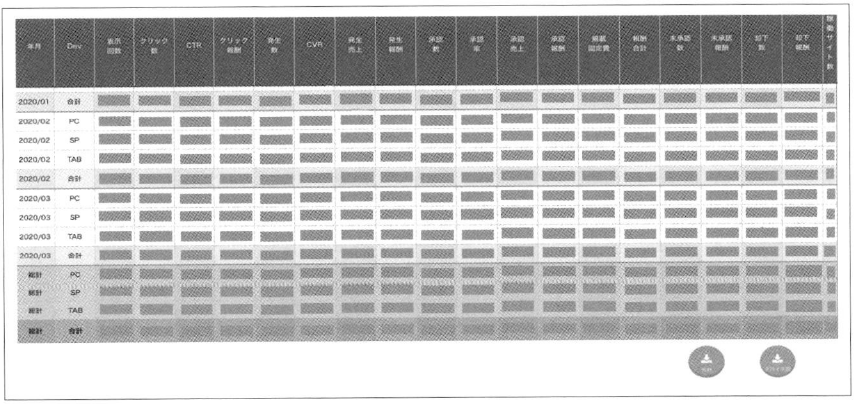

年月	Dev	表示回数	クリック数	CTR	クリック報酬	発生数	CVR	発生売上	発生報酬	承認数	承認率	承認売上	承認報酬	掲載固定費	報酬合計	未承認数	未承認報酬	却下数	却下報酬	稼働サイト数
2020/01	合計																			
2020/02	PC																			
2020/02	SP																			
2020/02	TAB																			
2020/02	合計																			
2020/03	PC																			
2020/03	SP																			
2020/03	TAB																			
2020/03	合計																			
総計	PC																			
総計	SP																			
総計	TAB																			
総計	合計																			

通常、広告代理店は間に入らず、下図のようにASPが全体を差配する。

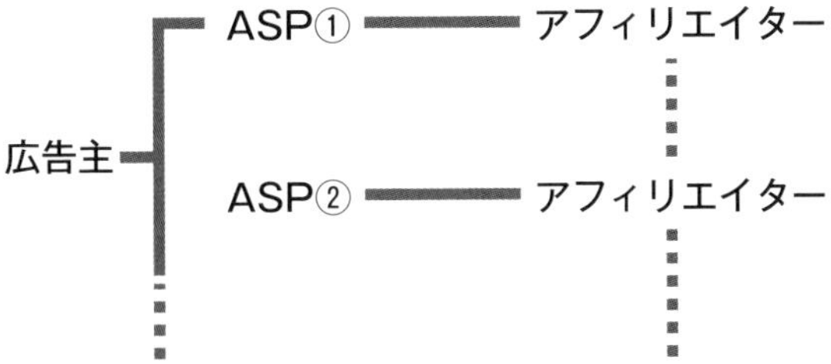

ただし、広告代理店が、獲得を欲する企業（広告主）との間に入る場合があり、その場合は下図のようになる。

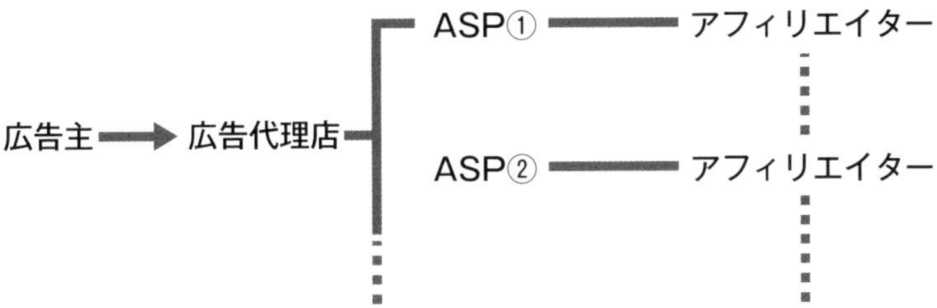

Chapter 2で紹介した「しじみ習慣」の事件では、次のようなアフィリエイトが使われていた。

「しじみ習慣」のアフィリエイト広告

「しじみ習慣」で検索後に出現した広告イメージ

アフィリエイト広告（提携）
https://hira-mart.net/st/shijimi/01a-shijimi・・・・

健康診断結果が・・・！でも禁酒はしたくない！

ブログ管理人

お酒大好き人間の　ブログ管理人です。

先日、会社の健康診断でまさかの・・・。

日頃、検査することもなかったため、正直ショックだったが、日頃の飲酒歴を考えるとこんなものかと素直に受け入れられた。

今すぐどうこうという話ではないようだし、生活習慣を見直し、飲酒の量を減らしていこうと思ってはみたが、禁酒する気はまったくない。
そこで、会社の同僚が教えてくれたお酒好きをいたわってくれるというサプリメントを毎日飲んでみることにした。

⇒私が飲んでみたサプリはこちら → 商品ページへ

下の画像のようにソフトカプセルになっているため、持ち運びも便利でいつでもサッと取り出して飲める

今のところ、酒の量は減っていないが、何となく調子がいい気がするので、とにかく1年はこのサプリメントを飲み続けようと思っている
実は次の健康診断が密かに楽しみなのだ。そんな気持ちにさせてくれるとは、恐るべし、しじみ・・・お酒大好き飲兵衛はこのサプリを飲んで、大好きな酒も存分に楽しんで飲もうと思う

⇒私が飲んでみたサプリはこちら → 商品ページへ

消費者がこのサイトの「こちら」をクリックすると、広告主である自然食研社のサイトにジャンプし、そのサイトで購入すると、このアフィリエ

イターに報酬が入る。
私の知人のアフィリエイターはまさに「達人」で、20代だが、月に1億円以上のアフィリエイト報酬を得ている。

世間をアッと驚かせた消費者庁発2016年6月30日通知

アフィリエイトに対する規制はなかなか難しいのではないかと言われる中、2016年6月30日消費者庁発の通知「健康食品に関する景品表示法及び健康増進法上の留意事項について」は、斬新な切込みを展開した。
曰く―
「近年、インターネットを用いた広告手法の一つであるアフィリエイトプログラムを用いて、アフィリエイターが、アフィリエイトサイトにおいて、広告主の販売する健康食品について虚偽誇大表示等に当たる内容を掲載することがある。このようなアフィリエイトサイト上の表示についても、広告主がその表示内容の決定に関与している場合(アフィリエイターに表示内容の決定を委ねている場合を含む。)には、広告主は景品表示法及び健康増進法上の措置を受けるべき事業者に当たる。アフィリエイターやアフィリエイトサービスプロバイダーは、アフィリエイトプログラムの対象となる商品を自ら供給する者ではないため、景品表示法上の措置を受けるべき事業者には当たらないが、表示内容の決定に関与している場合には、『何人も』虚偽誇大表示をしてはならないと定める健康増進法上の措置を受けるべき者に該当し得る。」
つまり、
(1) アフィリエイターにアフィリエイトサイトの内容を任せていても、そこに虚偽誇大があれば広告主が景表法の責任を負う。
(2) アフィリエイターは景表法対象外。
ネット上には虚偽誇大のアフィリエイトサイトは無数に存在する。
しかし、広告主はアフィリエイト展開をASPに委ねているケースが多く、そういうケースでは、個々のアフィリエイターがどういう内容のサイトを作っているか広告主は知らない。

そういうケースでも、この通知によると、広告主が景表法上の責任を負うことになり、業界は騒然となった。

なお、この通知は、アフィリエイターは景表法上の責任は負わないものの、健増法の責任は負うとしている。しかし、健増法には課徴金のペナルティはなく、また適格消費者団体の追及のネタにもなりえないため、アフィリエイターにとって大した脅威にはなりえない。

クロレラ判決と2016年6月30日通知で攻めた水素水事件

2017年当時、「水素水ガイド」というサイトがあり、「水素水には、悪性活性酸素をとり除く効果・効能があることがわかっています」などとPRして、伊藤園社の水素水のＬＰにリンクしていた。

つまり、このサイトはアフィリエイトサイトだった。

これに噛みついたのが、適格消費者団体の京都消費者契約ネットワーク。

まず、誤認のロジックはクロレラ判決に従う。

つまり、医薬品的効果をうたって消費者に医薬品と思わせているが、実はそうではないので、そこに誤認が生じている。次に責任主体については、2016年６月30日の消費者庁通知を採用し、「表示内容の決定に関係している広告主は景表法の“表示”主体となる」とする。

そして、広告主＝伊藤園社とアフィリエイトの間には、「広告掲載についての委任契約ないし準委託契約等が存在すると考えられ」、広告主が表示内容の決定に関与していると考えられる、とする。

その上で最後に、「アフィリエイトとして表示を行わせることの停止」を請求した。

水素水事件では、各社、適格消費者団体の請求にすんなり従ったので、以上のロジックの適否は問題とならなかったが、疑問に思うことがある。

第１に、クロレラ判決に従った誤認論。

ペットボトルに入った水素水を見て、それを医薬品と信じる消費者が、果たしているのだろうか。

第2に、広告主がアフィリエイトと直接契約することは稀で、通常はアフィリエイトと契約するのはASPである。

KC'sが自然食研社を追及した事件でも、アフィリエイトサイトの違反が問題となったが、自然食研社は、「当社→1次代理店→2次代理店→ASP→アフィリエイトというフローで、当社はアフィリエイトと直接つながっていないので、"しじみ習慣"と検索して出てくるアフィリエイトサイトで違反しているものについては、直接の発注先である1次代理店に協力を要請する」と回答している。

本件では広告主とアフィリエイターの間に契約があったと考えられるとしているが、果たしてそうなのか。推論を述べているにすぎない気もする。

第3に、1点目とも関係するが、広告主が「こういうサイトを作ってくれ」とアフィリエイターに依頼しているのであれば、広告主に対して「アフィリエイトサイトを停止せよ」と請求することはわかるが、そういう依頼がない場合は広告主にアフィリエイトサイトの停止を請求できるのだろうか？

言い換えれば、Aさんに対してBさんのサイトを停止させよと請求して、AさんがBさんのサイトを勝手に停止できるのだろうか？

以上のように、アフィリエイトの法律論はなかなか難しい。

アフィリエイトが絡む唯一の措置命令 by 消費者庁

2018年6月15日に措置命令が下されたブレインハーツ事件（同日付で課徴金命令も発令されている）。これがこれまでのところ、アフィリエイト絡みで消費者庁が下した唯一の措置命令だが、そこで消費者庁は次のように述べていた。

「ブレインハーツは、本件商品(1)(3)(4)(5)については、広告代理店を通じて、アフィリエイトサイトの運営者に対し、これらの商品に係る自社ウェブサイトを提示するなどして、当該自社ウェブサイトの記載内容を踏まえたこれらの商品に係る口コミ、ブログ 記事等を作成させ、当該自社ウェブサイトへのハイパーリンクと共に当該アフィリエイトサイトに掲載させていた。」

つまり、この事件はとても特殊な事件で、広告主がアフィリエイターにサイトのコンテンツを提供していた（通常はアフィリエイターが自らサイトを作成する。そうでなければネットの達人でもあるアフィリエイターに依頼する意味がない）。

それゆえ、この措置命令は消費者庁が発した2016年6月30日通知を一切使っていない。

言い換えれば、2016年6月30日通知を使わなくても片付く事件で、アフィリエイトの先例と呼べるような内容ではない。

ただ、アフィリエイターとの関係（Aさん＝広告主に、Bさん＝アフィリエイターのサイトに停止せよ、と言えるか？）は興味深いところで、そこにフォーカスしてみよう。

ブレインハーツ社の商品に関するアフィリエイトサイト

まず、謝罪広告は下記の内容で、アフィリエイターには全く触れていない。

ブレインハーツ社の謝罪広告

弊社に対する措置命令及び
課徴金納付命令に関する
お詫びとお知らせ

弊社が販売していた「グリーンシェイパー」「アストロンα」「スリムイヴ」「恋白美スキンソープ」「Smart Leg」の各商品に関し、過去に掲載されたWEB広告について、本日、消費者庁から、不当景品類及び不当表示防止法に基づく措置命令及び課徴金納付命令を受けましたので（ただし「アストロンα」は措置命令のみ）、ご報告いたします。

弊社といたしましては、WEB広告の一部にお客様の誤解を招く表現があったことを受け、販売を継続していた商品は直ちに終売し、消費者庁の調査に対しても真摯に対応してまいりました。

弊社は、今回の措置命令及び課徴金納付命令を厳粛に受け止め、広告表示の改善に努めております。引き続き、広告表示に関する社内の審査体制と社内教育を強化し、広告表示の適正化を推進してまいります。

お客様、取引先、その他関係者の皆様に、多大なるご迷惑とご心配をおかけしたことを、深くお詫び申し上げます。

株式会社ブレインハーツ

お問い合わせ先

次に、アフィリエイトサイトについては次のように述べる。

「本件商品1、本件商品3、本件商品4及び本件商品5の対象表示に係る周知徹底の方法については、アフィリエイトサイトからハイパーリンクにより自社ウェブサイトに遷移する動線を含めることとする。」

つまり、「アフィリエイトサイトを停止せよ」ではなく、「アフィリエイトサイトのリンク（「こちらをご覧下さい」）をクリックすると、ブレインハーツ社の謝罪広告につながるようにせよ」（A）という。

やはり「アフィリエイトサイトを停止せよ」（B）という命令を下すこと

は難しいのではないか？　このあたりのことを消費者庁の方と議論したことがあるが、消費者庁としては、アフィリエイトから多くの売上を得ているような事案なら、(A)のレベルの命令は可能と考えている気がした。

それでも続く、アフィリエイトの追及

以上見たように、2016年6月30日通知は画期的な内容であったが、果たして通常のアフィリエイトの事例でそれを実現できるものなのか疑問がある。

しかし、現場では、調査要求において次のようなアフィリエイトの調査が行われている。

図表U　実際に行われている「アフィリエイト調査」

３　本件商品に関する広告代理店及び ASP（アフィリエイトサービスプロバイダ）事業者について

本件商品に関し、貴社の取引している広告代理店及び ASP 事業者の全てについて、各事業者の情報を下表に記載してください。数が多い場合には、別紙にして構いません。また、各事業者との間の業務委託契約書等につきましても、あわせてご提出ください。数が多い場合には、別紙にして構いません。

区分	事業者名	本所所在地	貴社との資本関係
広告代理店			
ASP 事業者			

埼玉県庁が下した英断？

2020年3月31日、埼玉県庁がニコリオ社のダイエットサプリの広告に対して下した措置命令は、アフィリエイト絡みのものだった（資料08・161ページ）。

つまり、アフィリエイトサイトにおいて、「3カ月で7kg落ちた方法を紹介」などと訴求しているが、エビデンスは痩せるには食事制限や運動を条件としており、優良誤認に該当する、と言う。

これは、ブレインハーツ事件のような特殊な事件ではなく、通常のアフィリエイトのケース。

ただ、処分としてアフィリエイトサイトの停止まで含んでいないように見える。

つまり、

(1)アフィリエイトサイトはこんな感じ。

(2)「300円モニター参加」を押すと、「メンテナンス中」と出る。

メンテナンス中

ただいまメンテナンス中です。

大変、申し訳ございません。
ただいまメンテナンス中のため、弊社ホームページの一部サービスがご利用頂けません。
お客様にはご不便をおかけいたしますが、何卒ご理解いただきますようお願い申し上げます

(3)他方、ニコリオ社サイトには、謝罪広告がある。

Home＞Infomation

お知らせ

2020年04月01日

弊社に対する埼玉県の命令について

平素は格別のご愛顧を賜り厚く御礼申し上げます。

弊社は、2020年3月31日、埼玉県より、不当景品類及び不当表示防止法違反
及び特定商取引違反に基づく命令を受けました。

本件によりお客様をはじめとする全ての関係者の皆様に対しご心配とご迷惑をお掛けしますことを、深くお詫び申し上げます。今回の埼玉県の命令を真摯に受け止め、十分は再発防止措置を講じ、今後、このようなことを起こさぬよう全力で取り組んでまいります。

なお、弊社商品の安全性には問題はございませんので、引き続き安心してご利用いただきたく存じます。
お客様におかれましては、弊社商品に今後とも変わらぬご愛顧を賜りますよう、よろしくお願い申し上げます。

以上
【お問い合わせ先】
ニコリオお客様センター
TEL：[redacted]（受付時間：9時～19時）

(4)ブレインハーツ事件では、(1)から(3)にリンクされていたが、この事件はそうなっていない。つまり、アフィリエイトサイトの申込ボタンを押しただけでは謝罪が行われていることがわからない。

奥行きの深い2020年3月の機能性表示事後チェック指針

2015年4月からスタートした機能性表示。

これは、一般食品や健康食品について、機能性(効果)をうたうことを認める制度である。

体の具体的変化を述べると薬事法違反というルールの大きな例外となる。制度としては同様のものとしてトクホがあるが、こちらは許可制。

他方、機能性表示は許可制ではなく、届出に対し形式審査を行い、それをパスすれば受理されるという制度。2020年3月31日の段階で、すでに2,816件に至っている。

この機能性表示に関し、2020年3月24日、景表法を担当する消費者庁表示対策課が重要な指針を発表した。それが「機能性表示事後チェック指針」だ。

要点をまとめるとこうだ。

◇◇

1. 機能性表示に関し公正取引協議会を作り、団体自治を進める。
2. その団体において適当と認めたエビデンスについて、表示対策課は景表法の追及をしない。

◇◇

公正取引協議会とは、業界団体が作る公正取引委員会の下請けのような団体。公正競争規約という表示のルールを定め、それに従わない会員には、業者名公表や違約金などのペナルティを課すことができる。

機能性表示業界にもこういう仕組みを作り、団体自治を進める。

それを促進するために、表示対策課はこの団体で適当と認めたエビデンスに関しては景表法違反と扱わない。

指針ではこう述べている。

「事業者が、表示の裏付けとなる科学的根拠について、ガイドライン及び本指針第１に沿って、機能性表示食品に関する科学的知見及び客観的立場を有すると認められる機関又は組織等において妥当であるとの評価を受けるなど、適切な客観的評価により表示の裏付けとなる科学的根拠が合理性を欠いているものではないと判断されるものについては、景品表示法上問題となるものとは取り扱わない。」

この指針には、健康食品のやんちゃな広告に辟易として、何とか機能性表示に向かわせたいという表示対策課の思い入れが強く感じられる。

それゆえ、健康食品の広告で景表法違反を追及された場合、機能性表示への方針転換を示すことがプレーヤーにはプラスとなるかもしれない。

PR表記があれば話は簡単

アフィリエイトサイトに関し、媒体によっては広告主が誰なのかの表記を求めるものがある。次のようなイメージ。

広告主を表記したアフィリエイトサイトのイメージ

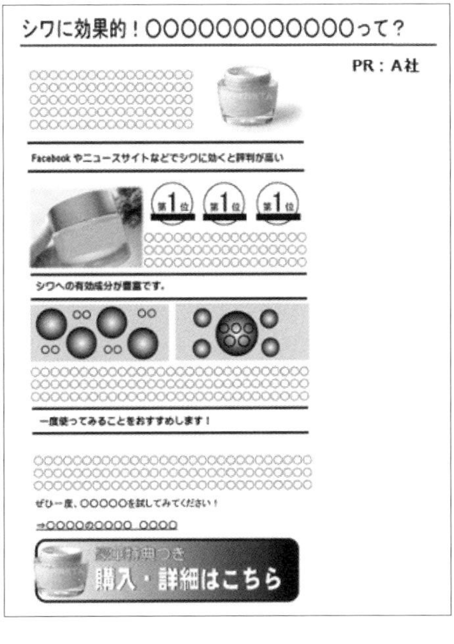

こういうケースでは、このサイトの責任主体は当然広告主になる。

アフィリエイトがどうこう言う必要もなければ、2016年6月30日通知に依拠する必要もない。

通常の事例として景表法追及の対象となる。

実際JARO(日本広告審査機構)ではこういうケースで次のように述べ、広告主が警告を受けたケースがある。

「医薬品等の広告の該当性については、
① 顧客を誘引する(顧客の購入意欲を昂進させる)意図が明確であること
② 特定医薬品等の商品名が明らかにされていること
③ 一般人が認知できる状態であること
いずれの要件も満たす場合、広告に該当すると判断する、とされており、当該サイトは広告の３要件を満たすと考える。」

報道された調査要求

措置命令は公開されるが、その前段階となる調査要求が公開されることはない。

しかし、その調査要求が週刊誌で報道されるという異例の事態が、2017年に生じた。下記の2017年２月14日の「週刊ダイヤモンド」の記事がそれだ。

ロッテの「乳酸菌ショコラ」に関する週刊ダイヤモンドの記事

ロッテ「乳酸菌が100倍届く」チョコに消費者庁が疑いの目

週刊ダイヤモンド編集部

政治・経済　inside Enterprise

2017.2.14 5:02

いいね！　シェア　Tweet　0　B!　A　A

「乳酸菌ショコラ」のコピーは昨年末に写真左のものから右のものに変更された　Photo by Hidekazu Izumi

昨年夏の暮れ、ロッテ社内に激震が走った。大人気のチョコレート商品シリーズ「乳酸菌ショコラ」について消費者庁から問い合わせを受け、景品表示法に抵触する可能性が生じたからだ。

2015年に発売された乳酸菌ショコラは、発売から半年間で20億円も売り上げた大ヒット商品だ。

商品名にもある乳酸菌は腸内環境を整える善玉菌の代表格で、健康維持や増進効果をうたう「機能性ヨーグルト」に含まれるものとしても知られる。乳酸菌ショコラは、発売当初に商品コピーで「生きた乳酸菌が（腸まで）100倍とどく」とうたい、乳酸菌人気の波に乗った。

ところがこのコピーについて、「本当に生きた乳酸菌が腸まで100倍届くのか」と消費者庁が疑いの目を向け、ロッテに根拠を示す資料の提出を求めた。

ロッテ側の根拠は、主に同商品用に乳酸菌を提供する日東薬品工業と小川順・京都大学教授との共同研究で行った人工胃液試験の結果と、人の排せつ物検査に基づく。

一般的に、乳酸菌が持つ酵素活性は胃液などの酸によって失われる。しかし、乳酸菌をチョコレートで保護することで、乳酸菌の粉末や乳酸菌を配合したドリンクと比較して、試験管に入った人工胃液の中で3万3000倍の量が生き残ることを確認した。

ただ、それだけでは乳酸菌が生きたまま実際に腸まで届いているとは言い切れない。というのも、「現在の科学技術では人間の腸内でどれだけの乳酸菌が生きているかは人間を解剖して検証する以外に定量的に測れない」（小川教授）からだ。

だからこそ同業他社は、「腸まで数倍届くというコピーを使いたくても明確な根拠を示せないため使えなかった」（業界関係者）。にもかかわらずロッテがコピーに用いたため、消費者庁が調査に動いたのだ。

課徴金支払いの可能性も

ロッテはこの件に関し、「消費者庁から問い合わせがあったのは事実」と認める。昨年末ごろから商品コピーを「“生きた乳酸菌をいつでも”の時代」に変更しており、消費者庁からの問い合わせの影響がうかがえる。

消費者庁においては現在、ロッテが示した根拠を検証する調査段階にある。同コピーが景品表示法の違反に当たるのか、結論は出ていない。

違反と判断された場合、同庁から「違反行為の一般消費者への周知徹底」などの措置命令を下される。加えて、同商品は課徴金対象となる5000万円以上の売り上げがあるため、違反対象期間の総売り上げの3%分の課徴金が課される可能性がある。

ロッテにとってチョコレートでの久方ぶりのヒット商品なだけに、景品表示法違反に問われれば経営へのインパクトは小さくない。

要点を整理すると、次の3つになる。

1. ロッテ乳酸菌ショコラのパッケージに、従来は「生きた乳酸菌が100倍とどく」と記載されていたが、2016年末に「生きた乳酸菌をいつでもの時代」に変更された。
2. 従来のコピーに関して「本当に生きた乳酸菌が腸まで100倍届くのか」と消費者庁が調査要求を行った。
3. 乳酸菌をチョコレートで保護することで、乳酸菌の粉末や乳酸菌を配合したドリンクと比較して、試験管に入った人工胃液の中で3万3000倍の量が生き残ることを確認した、ということがエビデンスだが、それだけでは乳酸菌が生きたまま実際に腸まで届いているとは言い切れない。

乳酸菌ショコラの逆襲

その後、乳酸菌ショコラは2017年８月22日、機能性表示食品として受理された（C194）。

ヘルスクレーム（届出表示）は「本品には生きた乳酸菌ブレビスT001株（Lactobacillus brevis NTT001）が含まれます。乳酸菌ブレビスT001株（Lactobacillus brevis NTT001）は腸内環境を改善することが報告されています」。

さらに、その後2018年１月29日受理のC395では、「腸まで届く」を追加することにも成功している。

ヘルスクレームは「本品には生きた乳酸菌ブレビスT001株（Lactobacillus brevis NTT001）が含まれます。乳酸菌ブレビスT001株（Lactobacillus brevis NTT001）は生きて腸まで届き、腸内環境を改善することが報告されています」。

乳酸菌ショコラ
ミルク

乳酸菌ショコラ
ビター

前述の週刊誌の記事は何となく内部告発的な臭いを感じるが、こうして「腸まで届く」は機能性表示食品としてお墨付きを得た感じで、措置命令もなく事態は収まったムードとなっている。

機能性表示に向かうことは免罪符？

こうして「腸まで届く」をオーソライズさせた乳酸菌ショコラだが、そのエビデンスを見ると、ギリギリという感じがする。

つまり、

1. C395においては「腸まで届く」は腸内環境改善をもたらす作用機序と位置付けられ、機能性表示の届出書類の作用機序のところには、「乳酸菌ブレビスT株は耐酸性の強い乳酸菌で生きて腸まで届くことが示されています」との説明があり、ロッテ社の社員である樋口裕明さんらが「薬理と治療」Vol.45 no.3 463頁(2017年)に載せた臨床試験論文が参照されている。
2. この論文は乳酸菌ブレビスT001株の整腸効果を証明するために行ったヒト試験を報告する論文だが、「この乳酸菌が生きて腸まで届く」ことの証明をこのヒト試験で行っているわけではない。

この論文にはこう書かれている。

「われわれはこれまでに、乳酸菌をチョコレートに配合すると、乳酸菌粉末と比較して有意に人工消化液中の生存率が向上することを明らかにしている。そのため、本試験においても乳酸菌ブレビスT001株含有チョコレートの摂取により、乳酸菌ブレビスT001株が生きたまま腸に到達し、糞便中ラクトバチルス数に影響を及ぼした可能性が考えられる。」

つまり、この試験では糞便中のラクトバチルス(善玉菌)が増えたことは、ヒト試験として証明できているのだが、これまでの試験管レベルの試験で乳酸菌をチョコレートに配合すると、胃液で溶けにくいことが証明されているので、両者を合わせて考えると、乳酸菌が生きて腸まで届いたのであろうと推論できる、というロジック。

ということで、「生きて腸まで届く」のエビデンスはギリギリという感じもするが、それでも調査要求から措置命令に至ることがなかったのは、「今後機能性表示食品として展開して行く」ということがプラス要素になったのかもしれない。

前述の「機能性表示食品に対する食品表示等関係法令に基づく事後的規制（事後チェック）の透明性の確保等に関する指針」を見ると、その感を強くする。

第２部　有利誤認

Chapter 1

有利誤認を追及するフロー

A法律事務所事件

簡単に言うと、購入条件など俗に言われる「オファー」のウソが有利誤認。

措置命令を受けたアディーレ法律事務所の広告

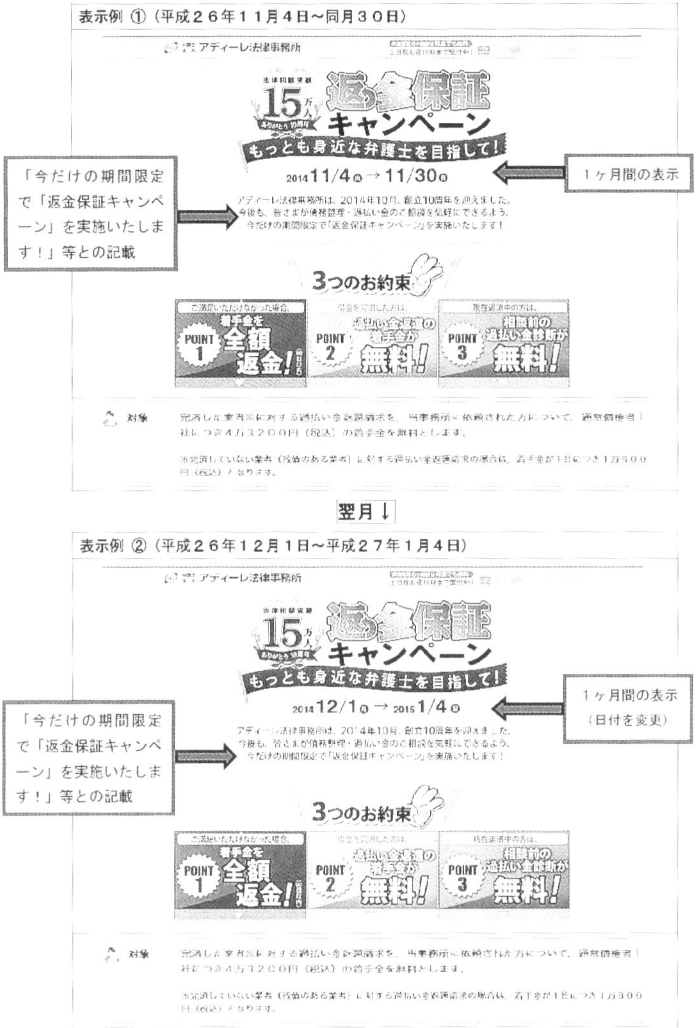

この規制に引っかかったのがアディーレ法律事務所。

過払い金の返還請求について、４万円の着手金を無料にするというキャンペーンの広告を「１カ月限定」「今だけ」などと訴求しつつ、実際には約４年10カ月続けていた、として措置命令を受けている(2016年２月16日)。

表示例 ①（平成２５年８月１日～同年９月１日）

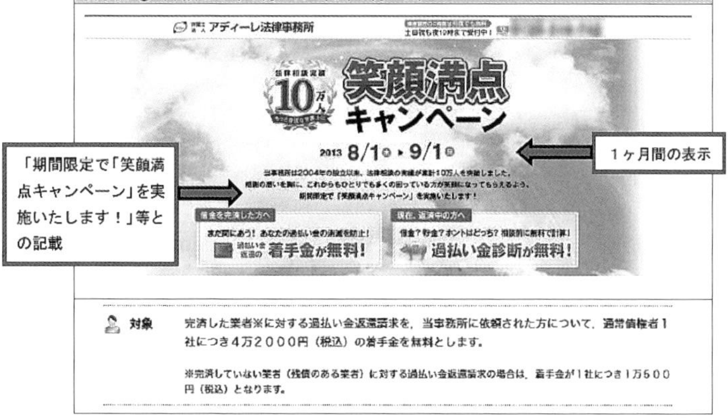

翌月↓

表示例 ②（平成２５年９月２日～同月３０日）

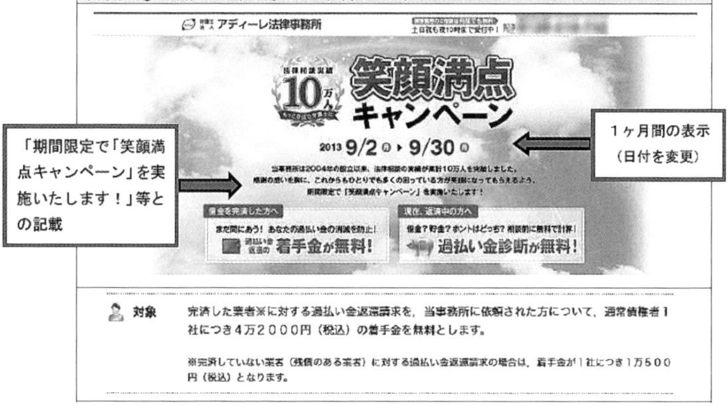

表示例 ①（平成２２年１０月６日～同年１１月５日）

翌月↓

表示例 ②（平成２２年１１月６日～同年１２月５日）

有利誤認のフロー

優良誤認と同様に、調査要求→合理的根拠の提出要求→最後の弁明の機会→措置命令→課徴金、というフローになる。

有利誤認の調査要求の際に渡される報告書用紙を、資料09（162ページ）に示した。

この事例は景品が過大ではないか？　が問題だったので、そのような内容になっている。

さまざまな有利誤認

２度目の措置命令を受けたショップチャンネル社

景表法第36条1項は、「第七条第一項の規定による命令に違反した者は、二年以下の懲役又は三百万円以下の罰金に処する。」と規定する。

ここに言う「第七条第一項の規定による命令」とは、措置命令のこと。

措置命令においては、再発防止が命令されるので、にもかかわらず再発があると刑事罰が課せられる。

この点できわどかったのが、テレビショッピングの専門チャンネルを運用するショップチャンネル社だ。

ショップチャンネル社は2009年５月20日、当時はまだ景表法が消費者庁に移管する前、公取の時代に、抗菌保存容器と称して販売していた商品に抗菌効果がないとして、排除命令を受けている（今の「措置命令」に該当するものを、当時は「排除命令」と呼んでいた）。

ところがそのショップチャンネル社は、2018年３月16日、再び措置命令を受けた（後、2019年３月29日に課徴金命令）。

これはこのような内容。

(1) ズワイガニに関して、「明日以降14,580円、本日価格9,800円」と訴求したが、「明日以降」と称する価格は、わずか２日間の価格でしかなかった。
(2) テレビに関して、どこよりも安いという趣旨の訴求をしていたが、実際にはもっと安い販売例が複数存在していた（テレビに関しては(1)のような手法も併用）。

ただ、１回目の排除命令とはジャンルの違う問題なので、「再発」とは評価されなかったようだ。

措置命令を受けたショップチャンネル社の商品

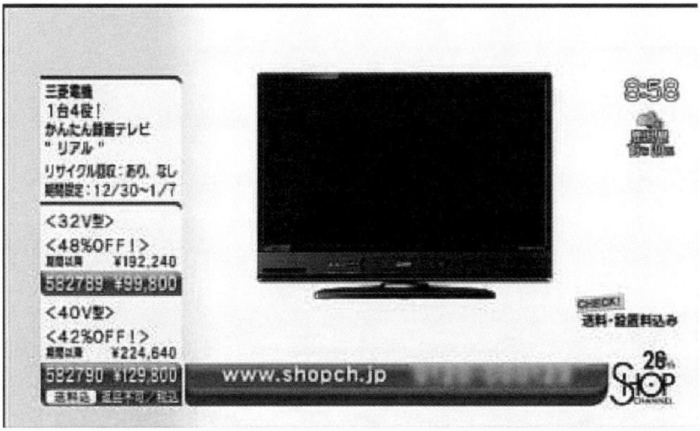

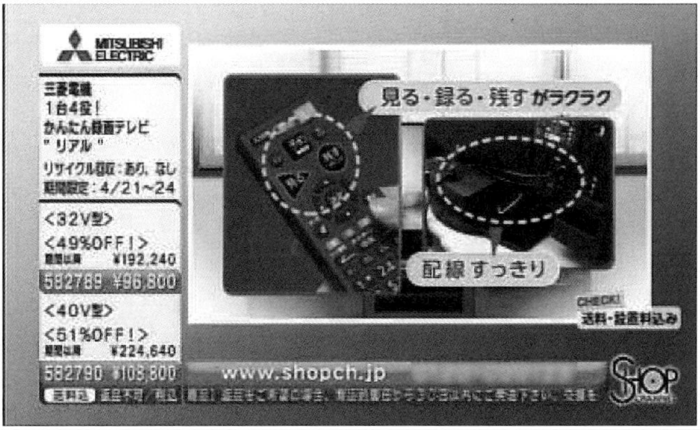

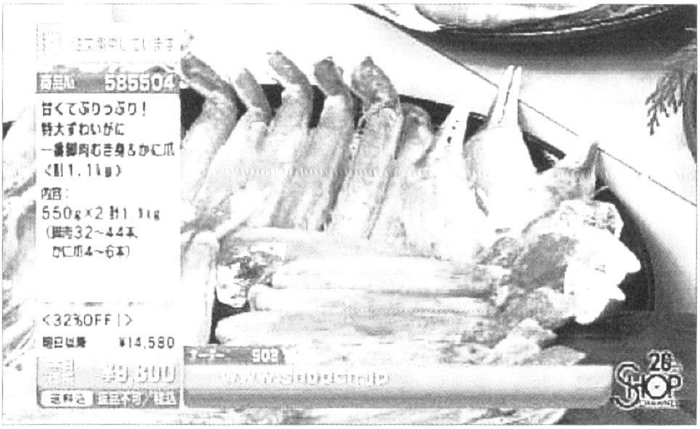

将来の通常価格

有利誤認類型の措置命令の中で多いのが二重価格の偽装。

つまり、「通常価格1万円の物が、今なら3,000円」と訴求しているが、「1万円」が実態のない偽装というケース。

2017年度の数値で言うと、有利誤認14件のうち、9件がこの類型だ。

通常価格と言うためには、

(1) 直近8週間中4週間以上その価格での販売実績がある
(2) その価格での販売を終了してから、2週間以上経過していない

という条件をみたす必要がある。

ただ、そういう過去の実績がない場合でも、「この後、1万円で売る予定だが、今は3,000円だから今ならおトク」といったプロモーションは可能で、この例の1万円が「将来の通常価格」。

2018年のショップチャンネル社事件では、これが短すぎるとして措置命令が下された初のケースだった。

こちらも２度目のライフサポート社

ショップチャンネル社と同様に２度措置命令を受けている会社として、ライフサポート社がある。

１度目は2015年２月17日「キャルッツ1000」というダイエットサプリのラジオCMで措置命令を受けた。これは訴求するダイエット効果に根拠がないというもので、優良誤認。

２度目は2019年３月６日、おせち料理の二重価格の偽装でこちらは有利誤認。

問題点が全く違うので刑事罰に問われることはなかった。

ほかに、オークローンマーケティング社（１回目2016年９月１日、２回目2020年３月31日）、ハーブ健康本舗社（１回目2014年９月19日、２回目2017年11月７日）も、２度措置命令を受けている。

２度の措置命令を受けた
ライフサポート社の商品

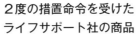

品　名	キャルッツ１０００
名　称	白インゲンマメ抽出物含有食品
原材料名	白インゲン豆抽出物（白インゲン豆抽出物、マルトデキストリン）、ギムネマエキス末（ギムネマエキス、デキストリン）、桑の葉エキス末、アフリカマンゴノキ抽出物（デキストリン、アフリカマンゴノキ抽出物）、キノコキトサン、ウーロン茶エキス末（ウーロン茶エキス、デキストリン）、マテ茶エキス末（マテ葉、マルトデキストリン）、明日葉エキス末（環状オリゴ糖、明日葉エキス末）、穀物発酵エキス末（穀物発酵エキス、マルトデキストリン）、ガルシニアカンボジア抽出物、コレウスフォルスコリ抽出物、黒胡椒抽出物、結晶セルロース、ショ糖脂肪酸エステル、微粒酸化ケイ素
内容量	３０グラム（２５０ミリグラム×１２０粒）

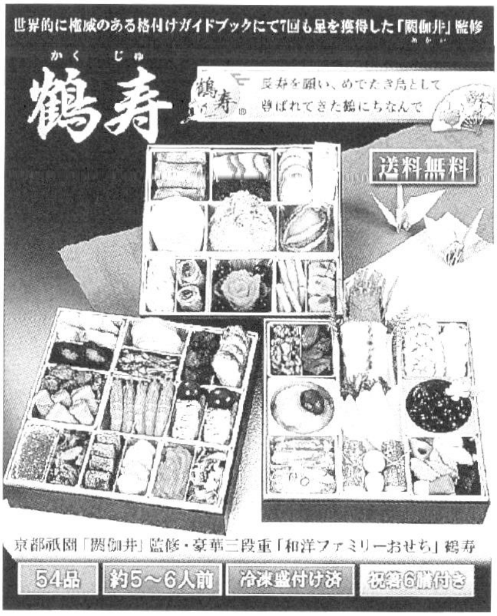

おせち料理の販売実績

ライフサポート社の2度目の事件で問題となったのは、おせち料理のプロモーション。

2017年の12月に、「通常価格28,800円を今なら8,000円お値引き、歳末特別価格20,800円」という訴求を行った。

前述のように、「通常価格」と言うためには4週間の販売実績が必要。

ところが、販売するのはお正月に食べるおせち料理である。そもそも12月のキャンペーンより前の4週間の販売実績があるのだろうか？

ライフサポート社は、12月より以前からこの価格で販売していたと主張したが、消費者庁は認めなかった。

ライフサポート社はこれを不満とし、2019年6月3日、措置命令の取消訴訟を大阪地裁に提起している。

エピローグ

薬機法違反広告の措置命令・課徴金命令への架橋

措置命令と課徴金命令の導入

2021年8月1日から、薬機法違反広告に対する措置命令と課徴金命令の制度が始まる。これまで述べてきた景表法の措置命令・課徴金命令に倣うイメージ。

概要をまとめると次の通りである。

関係するのは薬機法66条1項と68条。

66条1項は、医薬品・医薬部外品・化粧品・医療機器などに対する虚偽誇大広告に関する規定。健康食品や健康美容器具はこの中に挙がっていないが、効能効果を述べていると、前者は医薬品、後者は医療機器と扱われるので、対象になりうる。

68条は承認前の医薬品や医療機器に対する広告に関する規定。健康食品や健康美容器具で効能効果を述べている広告も、この対象になる。

どちらも措置命令の対象となり、措置命令は厚労省も自治体も発令できる。

他方、課徴金命令は66条1項だけが対象で、発令できるのは厚労省のみ。

図表V　薬機法66条1項と68条

	内容	ペナルティ
66条1項	虚偽誇大広告	措置命令 ↓ 課徴金
68条	未承認品の広告 (効能逸脱も入る)	措置命令のみ

	措置命令	課徴金命令
内容	業者名公表 再発防止措置	業者名公表 課徴金
主体	厚生労働省 自治体	厚生労働省 のみ

課徴金は4.5%

課徴金の額は、課徴金対象期間に行われた、課徴金違反行為による売上の4.5%。

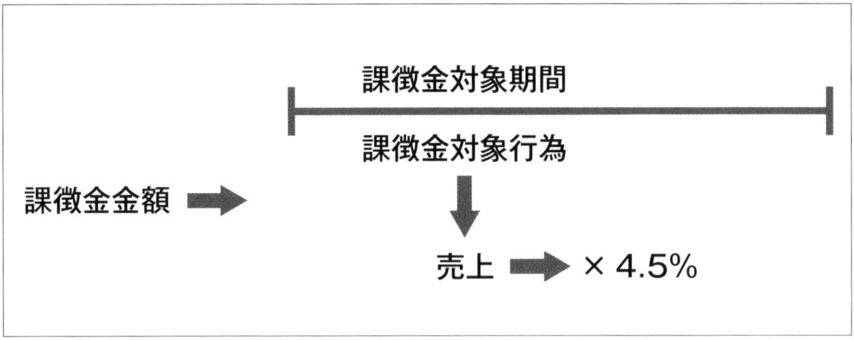

このうち、課徴金対象行為とは、66条1項違反＝虚偽誇大広告。景表法違反と変わらない。

課徴金対象期間については、以下の通り。

図表W　課徴金対象期間

	内容	景表法との比較
END	（原則）虚偽誇大広告による最後の取引 （例外）①違反広告を止めた日から6カ月がMAX ②それより前に謝罪広告を打てば、その日まで	同じ
MAX	最大3年（ENDから遡る）	同じ

課徴金の減免

以上のようにして、計算される課徴金だが、次のような場合には減免される。

図表Ｘ　課徴金が減免されるケース

		内容	景表法との比較
1	景表法とのダブり	景表法の方で課される金額は引かれる	―
2	少額免除	課徴金額が225万円以下の場合は免除	景表法では150万円未満が免除
3	自首ハーフカット	違反について自主的に報告した場合は半額になる	景表法と同じ

なお、景表法には、他に、景表法に定める手続に沿って返金すると、その分課徴金が減額されるという制度があるが（三菱自動車、日産自動車燃費偽装事件（軽自動車）ではこれが認められた。直近では、2019年3月にダイエットサプリで措置命令を受けたモイスト社が実施）、薬機法では採用されていない。

薬機法課徴金の将来

薬機法の課徴金がどう動いていくのか？

今の段階では何とも言えない。

しかし、景表法対策が役に立つことは間違いなく、本書を通して、薬機法の課徴金対策を準備していただきたい。

〈資料〉

資料01

大幸薬品

News Release

2014年3月27日

クレベリン　ゲル等についての本日の報道に関して

本日、弊社が消費者庁から指摘されました件についての報道に関して、皆様にお知らせ申し上げます。

弊社は、「クレベリン　ゲル」と称する商品及び「クレベリン　マイスティック」と称する商品（以下、当該2商品）を販売するにあたり、2013年3月中旬以降の弊社ウエブサイトの当該2商品の製品紹介ページ及び2013年3月29日付朝日新聞の広告において、「簡単、置くだけ！　二酸化塩素分子がお部屋の空間に広がります。」、「置く、掛けるで使える！　自分だけの空間に浮遊するウイルス・菌を除去！」、「用途　オフィスに　教室に　居室に　その他、洗面台、化粧台、ロッカー、食器棚などにもお使いいただけます。」等と記載しました。

これは、どのような環境においても当該2商品から放出される成分が同じように広がるとの誤解を生じかねない広告表現となっておりました。

しかし、当該2商品を用いる一般のご家庭やオフィスなどでは、広さや換気回数、設置場所などのご利用環境により、成分の広がりが異なる場合がございます。よって、消費者庁より上記広告表現等は景表法に定める優良誤認表示（同法第4条第1項第1号）であると指摘されました。

弊社では、自社のみならず研究機関や企業・団体の協力も仰ぎ、研究室や一般居住空間を用いて数多くの二酸化塩素とクレベリンについての実験を繰り返してきました。そのうえで、「二酸化塩素の素晴らしさ」を自信を持ってお伝えし、消費者の皆様に納得してお買上げいただける製品づくりに取り組んでまいりました。この度の件で、対象となる商品をご利用いただいているお客様をはじめとする関係各位にご迷惑をおかけしましたことを、お詫び申し上げます。

なお、今回の指摘は、当該2商品の当社ウエブサイト等での広告表現に関するものであり、製品自体の性能については、何ら問題ございません。

また、弊社は、ウエブサイトで使用されている該当表現について「＊ご利用環境により成分の広がりは異なります。」という注意文言を入れる等、速やかに修正を行ないました。弊社では、二酸化塩素分子には、空間中のウイルスや菌を除去し、カビの生育を抑制し、消臭する働きがある事を確認しており、今後も、実製品による一般居住空間等での検証を繰り返し、その結果を元にしてわかりやすく誤解のない広告表記を行ってまいります。

本件に関するお客様からのお問い合わせ先

大幸薬品株式会社　お客様相談係　TEL:06-[redacted]

＊受付時間は、月曜日～金曜日 9:00～17:00（祝日を除く）

大幸薬品株式会社

〒550-0005 大阪市西区西本町1-4-1 オリックス本町ビル16階

http://www.seirogan.co.jp

平成３０年３月２９日

消　費　者　庁

「不当品第及び不当表示止法」の遵守について

1 消費者庁は、消費者向け電子商取引(以下「B to C取引」といいます。)における表示の適正化への取組の一環として、ウェブページ上の広告表示について「不当景品及び不当表示防止法」(以下「景品表示法」といいます。)の観点から点検し、その結果、不当表示につながるおそれがあると考えられるサイトに対して、“景品表示法の遵守について啓発するメールを送信しております。

今般、ウェブページ上の広告表示のうち、商品の内容についての表示に関して点検した結果、貴社の下記サイトに不当表示につながるおそれがある表示がありましたので、景品表示法の遵守について啓発するメールを送信することとしました。

問題となる表示があるページのアドレス

http:[redacted]

貴社におかれましては、今後、広告表示を行う際、項２に示した内容に、十分留意した上、ウェブページ上の広告表示の適正化を図り、一般消費者の誤認を招くことのないよう努めてください。

なお、商品の効果・性能に関する表示について、景品表示法第７条第２項の運用の透明性及び事業者の予見可能性を確保するため、「不当景品類及び不当表示防止法第７条第２項の運用指針 不実証広告規制に関する指針」(以下「不実証広告規制指針」といいます。)が策定されていますので、効果・性能に関する表示を行うに際しては、この不実証広告規制指針を参照してください。

http//www.caa.go.jp/policies/policy/representation/fair labeling/guideline.pdf/100121premiums 34.pdf)

注:景品表示法では、第５条で、自己の供給する商品の取引について、①品質、規格その他の内容に係る不当な表示、②価格その他の取引条件に係る不当な表示及び3内閣総理大臣が指定する不当な表示を禁止しており、また、第７第２項で、消費者庁長官が商品の内容について実際のもの等よりも著しく優良であると示す表示に該当するか否かを判断するために必要があると認めるときは、当該表示をした事業者に対し、期間を定めて表示の裏付けとなる合理的な根拠を示す資料の提出を求め、当該資料が提出されないなどの場合、当該表示は不当表示とみなされる旨規定しています。

なお、当庁がウェブページ上の広告表示について景品表示法に違反していると認定した場合には、当該広告表示の差止め等の行政処分を行うことがあります。

景品表示法の条文については、当庁のウェブサイトを参してください。

景品表示法条文

([illegible])

景品表示パンフレット

([illegible])

2 効果・性能を標ぼうする広告表示を行う際は、以下の点に留意してください。

商品の内容については、客観的根拠に基づき正確かつ明瞭に表示する必要があり、商品の効果・性能を標ぼうする場合には、①根拠がないにもかかわらず効果・性能があるかのように一般消費者に示す表示を行ってはならず、②効果・性能に関する表示を行う場合には、その根拠となる実験結果、データ等を用意しておく必要があります。また B to C 取引においては消費者にとってウェブページ上の表示が唯一の情報源となるものであるという特徴を踏まえれば、効果・性能の根拠となる実験結果、データ等をウェブページ上に表示することが望ましいといえます(「不実証広告規制指針」の第 2 景表法第 7 第 2 項の適用についての考え方　2 表示の裏付けとなる合理的な根拠を示す資料の提出を求めることとなる表示例を参照してください。

加えて商品の効果・性能を強調するために、利用者を体験談、専門家等の推薦、実験データ等の商品の信用・推奨についての表示を行う場合には、これらが具体的にどのような条件で実施されたものなのか等を表示する必要があります(「不実証広告規制指針」の第 3「合理的な根拠」の判断基準 2 提出資料が客観的に実証された内容のものであること　を参照してくださいい。)。

このメールについての御不明な点やお問い合わせは.下記アドレスに e-mail でお寄せください。

消費者庁

表示対策課　電子商担当

e-mail : [redacted]

件名:【東京都】景品表示法に係るインターネット上の広告監視について
[redacted]　ご担当者　様

こちらは、東京都庁で「不当景品類及び不当表示防止法(景品表示法)」を所管する部署です。
※本メールは東京都の委託を受けた事業者が送信しています。

当課では、毎月、無作為に抽出したインターネット上の広告表示について、景品表示法に違反するおそれのある表示が行われていないかどうか、監視を行っております。(事業者様の所在地は問いません。)
今後、貴社の表示を拝見し、当課担当者からお問い合わせをさせていただくこともございますので、よろしくお願
いいたします。

なお、貴社におかれましても、景品表示法その他広告表示に関係する法令の趣旨を御理解いただき、下記URL等をご参考に、適正な表示内容となっているかどうか、今一度、ご確認をお願い申し上げます。

＜参考＞
(不当表示となりやすい表示)
◆商品の内容等について、効能・効果をうたう表示
◆商品の効果等を強調するための、利用者の体験談、専門家等の推薦、実験データ等の表示
◆「当店通常価格」「参考価格」「希望小売価格」等と実際の販売価格を比較した二重の価格表示

○よくある質問コーナー(表示関係)(消費者庁)
　http://www.caa.go.jp/representation/keihyo/qa/hyoujiqa.html
○東京くらしweb(東京都)
　http://www.shouhiseikatu.metro.tokyo.jp/

※このメールについて御不明な点やお問合せは、下記の東京都の担当部署へ御連絡ください。
※送信元のアドレスへは返信しないでください。
担当部署：東京都生活文化局　消費生活部取引指導課　表示指導担当
Eメール：[redacted]
東京都[redacted]
直通電話：[redacted]

令和[redacted]年[redacted]月[redacted]日
消費者庁表示対策課

[redacted]
[redacted]様

景品表示法違反被疑事件の調査に関するご連絡

1 本件の被疑行為

（1）[redacted]と称する化粧水に係る表示について(別紙1)

貴社が産経新聞別冊「いただきます!」に広告を掲載し販売している「[redacted]」と称する化粧水に係る表示(以下「本件表示①」といいます。)が、不当景品類及び不当表示防止法(昭和37年法律第134号)第5条第1号(優良誤認表示)の規定に違反する疑いがあるというものです。具体的には、以下に記載する表示内容等が問題となります。

- 「ムダ毛にさよなら!憧れのすべすべ肌に」
- 「使うほどに見た目と手触りがつるすべになる。すべすべ感から始まって、だんだんとキメが整う。肌に透明感が出る頃になると、カミソリや毛抜きの頻度が減っていく。本当に塗るだけで憧れのつるすべ肌をめざせるのだ」
- 「自宅で手軽に本格ケアカミソリ・毛抜きを卒業」
- 「今だから言える話」、「毎日カミソリで剃らないと、人前に出られませんでした・・。」と記載し、モニターの写真を掲載した上で、「最初は正直、半信半疑でしたが、続けるうちに面倒でしようがなかった手入れが3分、2分と徐々に短くなって、本当にスベスベになるなんて・・・。今では面倒と思うことすらなくなっちゃった感じです。[redacted]を使った化粧品がムダ毛やお肌によいことは知っていましたが、『まさか、ここまで!?』って感じでした。自分で『違い』を感じられるのが最高ですね。」

(2)「[redacted]」と称する除毛クリームに係る表示ついて(別紙2)

貴社が貴社ウェブサイトにて販売している「[redacted]」と称する除毛クリームに係る表示(以下「本件表示②」といいます。)が、不当景品類及び不当表示防止法(昭和37年法律第1 34号)第5条第1号(優良誤認表示)の規定に違反する疑いがあるというものです。具体的には、以下に記載する表示内容等が問題となります。

- 「面倒だったムダ毛処理がカンタン5分で『つるん』『除毛しながらスキンケアできる』新感覚クリーム」
- 「カミソリよりも安全な除毛法″つるん″と取れて″スベスベ″の仕上がり!
- 「男性の毛深いムダ毛でも5～10分で″つるん″」
- 「使うたび、肌の調子もアップ!」
- 「ムダ毛処後に肌荒れしなくなった!」

【表示の対象とされている商品】

(1) 本件表示①に係る商品

貴社が販売する「[redacted]」と称する化粧水（以下「本件商品①」といいます。）

(2) 本件表示②に係る商品

貴社が販売する「[redacted]」と称する除毛クリーム（以下「本件商品②」といいます。）

2 ご提出いただきたい資料（※【令和[redacted]年[redacted]月[redacted]日までに】郵送又は電子メールにてご提出願います。）

(1) 本件商品①及び本件商品②のパンフレット、商品概要等が分かる資料

(2) 本件商品①及び本件商品②の成分が分かる資料

(3) 本件表示①及び本件表示②の表示内容の決定経緯に係る資料（企画書、稟議書、表示内容の検討・決定に係る議事録等の写し）

(4) 会社案内、会社概要等に関する資料

(5) 決算書（直近３期分）

(6) 貴社の表示物に係る管理体制に係る資料

(7) 前記１（１）及び（２）の各表示内容（別紙１、別紙２）の根拠とした資料（表示内容で謳っている効果・効能の根拠となる資料）

3 ご報告いただきたい事項（【令和[redacted]年[redacted]月[redacted]日までに】ご報告願います。）

（１）本件商品①及び本件商品②についてア

ア　本件商品①について

（ア）	本件商品①の仕入先の名称及び所在地	
（イ）	本件商品①の製造元の名称及び所在地	
（ウ）	本件商品①の流通フロー （製造から一般消費者の手元に届くまでの流れ。複数の販売方法、販売ルートがある場合は全てご報告ください。）	
（エ）	貴社における本件商品①の販売開始時期	
（オ）	貴社における本件商品①の平成[redacted]年[redacted]月[redacted]日から平成[redacted]年[redacted]月[redacted]日までの間の販売数量	
（カ）	貴社における本件商品①の平成[redacted]年[redacted]月[redacted]日から平成[redacted]年[redacted]月[redacted]日までの間の売上額（税込）	
（キ）	本件商品①が自社開発商品である場合は、開	

	発経緯・商品コンセプト等 （回答例） ○年頃まで「○」という○○の効果がある製品「○○」を取り扱っていたところ、○○のアンケートで、「○」「○○」といった意見が多かったことから、○○に加え、○○を目的とする製品を開発することとなった。当社と○○社で○か月かけて共同研究。共同開発を行って商品化し、当社が○社に製造委託し、当社が販売することとなった。	
（ク）	本件商品①の小売価格（税込） （例） 1個　　　　○○○円 3個セット○○○円 5個セット○○○円	

イ　本件商品②について

（ア）	本件商品②の仕入先の名称及び所在地	
（イ）	本件商品②の製造元の名称及び所在地	
（ウ）	本件商品②の流通フロー （製造から一般消費者の手元に届くまでの流れ。複数の販売方法、販売ルートがある場合は全てご報告ください。）	
（エ）	貴社における本件商品②の販売開始時期	
（オ）	貴社における本件商品②の平成■年■月■日から平成■年■月■日までの間の販売数量	
（カ）	貴社における本件商品②の平成■年■月■日から平成■年■月■日までの間の売上額（税込）	

（キ）	本件商品①が自社開発商品である場合は、開発経緯-商品コンセプト等 （回答例） ○年頃まで「○」という○○の効果がある製品「○」を取り扱っていたところ、○○のアンケートで、「○○」「○」といった意見が多かったことから、○に加え、○○を目的とする製品を開発することとなった。当社と 00 社で○○か月かけて共同研究，共同開発を行って商品化し、当社が○○社に製造委託し、当社が販売することとなった	
（ク）	本件商品②の小売価格（税込） （例） 1 個　　　　○○○円 3 個セット　○○○円 5 個セット　○○○円	

②本件表示①及び本件表示②についてア本

ア　本件表示①について（別紙 1）

（ア）	本件表示①の実施状況について 平成[redacted]年[redacted]月[redacted]日から平成[redacted]年[redacted]月[redacted]日までの間の、本件表示①の実施状況について、下記の記載例にならってご報告ください。 また、各表示物の写しをご提出ください。

（記載例）

	本件表示①を行った日（広告を掲載・配布した期間）	媒体名及び頁数	表示物（広告）の配布地域	表示内容について貴社で最終確認を行った部署名・担当者名・役職
1	平成○年○月○日（1 日間	産経新聞料理面「いただきます!」○頁	全国	○○課○○○課長
2	平成 0 年○月○日から同年○月○日まで（○日間）	○○新聞広告 1 枚（1	○○県、○○県、○○県	○○課○○○課長
3	平成○年○月○日から同年○月○日まで（○日間）	月刊誌「○○○○」○`○	全国	○○課○○○課長

(イ)	本件表示①の表示内容の作成過程 (原案作成から決定までの過程について詳しく説明してください。)	
(ウ)	本件表示①の内容又は本件商品について、購入した-般消費者からクレームが来た事例がある場合は、その件数、時期、内容(詳細)をご報告ください。	
(エ)	本件商品①を購入した-般消費者から返品-返金などの申出の事例があった場合は、その件数、時期、対応(詳細)をご報告ください。	

イ　本件表示②について別紙2)

(ア)	本件表示②の表示期間 (回答例:○○年○月○日から○○年○月○日まで)	
(イ)	本件表示②の表示内容の作成過程 (原案作成から決定までの過程について詳しく説明してください。)	
(ウ)	本件表示②の内容又は本件商品について、購入した一般消費者からクレームが来た事例がある場合は、その件数、時期、内容(詳細)をご報告ください。	
(エ)	本件商品②を購入した一般消費者から返品・返金などの申出の事例があった場合は、その件数、時期、対応(詳細)をご報告ください。	

(3)貴社について

ア	本店所在地(支店、支社等がある場合はそれらの所在地を含む)	
イ	代表者の役職・氏名	
ウ	表示物の管理責任者の役職-氏名	
エ	従業員数	
オ	設立年月日	
カ	資本金額	
キ	事業内容	
ク	本件商品①及び本件商品②以外の取扱商品	

【本件担当者の連絡先】

消費者庁表示対策課

課徴金調査官[redacted]、[redacted]

〒[redacted]

東京都[redacted]

TEL : 00―0000―0000(内 000)

00―0000―0000 (直通)

別紙2

事業者が講ずべき景品類の提供及び表示の管理上の措置についての指針

平成２６年１１月１４日内閣府告示第２７６号

第1　はじめに

本指針は、不当景品類及び不当表示防止法（昭和37年法律第134号。以下「景品表示法」という。）第７条第１項に規定する事業者が景品表示法で規制される不当な景品類及び表示による顧客の誘引を防止するために講ずべき措置に関して、同条第２項の規定に基づき事業者が適切かつ有効な実施を図るために必要な事項について定めるものである。

第2　基本的な考え方

1　必要な措置が求められる事業者

景品表示法第７条第１項は、それぞれの事業者内部において、景品表示法第３条の規定に基づく告示に違反する景品類の提供及び景品表示法第４条に違反する表示（以下「不当表示等」という。）を未然に防止するために必要な措置を講じることを求めるものである。すなわち、景品類の提供若しくは自己の供給する商品又は役務についての一般消費者向けの表示（以下「表示等」という。）をする事業者に対して必要な措置を講じることを求めるものであり、例えば、当該事業者と取引関係はあるが、表示等を行っていない事業者に対して措置を求めるものではない。

なお、自己の供給する商品又は役務について一般消費者に対する表示を行っていない事業者（広告媒体事業者等）であっても、例えば、当該事業者が、商品又は役務を一般消費者に供給している他の事業者と共同して商品又は役務を一般消費者に供給していると認められる場合は、景品表示法の適用を受けることから、このような場合には、景品表示法第７条第１項の規定に基づき必要な措置を講ずることが求められることに留意しなければならない。

2　事業者が講ずべき措置の規模や業態等による相違

景品表示法の対象となる事業者は、その規模や業態、取り扱う商品又は役務の内容等が様々である。各事業者は、その規模や業態、取り扱う商品又は役務の内容等に応じて、不当表示等を未然に防止するために必要な措置を講じることとなる。したがって、各事業者によって、必要な措置の内容は異なることとなるが、事業者の組織が大規模かつ複雑になれば、不当表示等を未然に防止するために、例えば、表示等に関する情報の共有において、より多くの措置が必要となる場合があることに留意しなければならない。他方、小規模企業者やその他の中小企業者においては、その規模や業態等に応じて、不当表示等を未然に防止するために十分な措置を講じていれば、必ずしも大企業と同等の措置が求められる訳ではない。

なお、従来から景品表示法や景品表示法第１１条第１項の規定に基づく協定又は規約（以下「公正競争規約」という。）を遵守するために必要な措置を講じている事業者にとっては、本指針によって、新たに、特段の措置を講じることが求められるものではない。

3　別添記載の具体的事例についての注意点

本指針において、別添に記載した事例は、事業者の理解を助けることを目的に参考として示したものであり、当該事例と同じ措置ではなくても、不当表示等を未然に防止するための必要な措置として適切なものであれば、景品表示法第７条第１項の規定に基づく措置を講じていると判断されることとなる。また、本指針の中で挙げられた事例は、景品表示法第７条第１項の規定に基づく必要な措置を網羅するものではないことに留意しなければならない。

第３　用語の説明

1　必要な措置

景品表示法第７条第１項に規定する「必要な措置」とは、事業者が景品表示法を遵守するために必要な措置を包括的に表現したものであり、「景品類の価額の最高額、総額その他の景品類の提供に関する事項及び商品又は役務の品質、規格その他の内容に係る表示に関する事項を適正に管理するために必要な体制の整備」は事業者が講ずべき「必要な措置」の一例である。必要な措置とは、例えば、景品類の提供について、それが違法とならないかどうかを判断する上で必要な事項を確認することや、商品又は役務の提供について実際のもの又は事実に相違して当該事業者と同種若しくは類似の商品若しくは役務を供給している他の事業者に係るものよりも著しく優良又は有利であると示す表示等に当たらないかどうかを確認することのほか、確認した事項を適正に管理するための措置を講じることである。

2　正当な理由

景品表示法第８条の２第１項に規定する「正当な理由」とは、専ら一般消費者の利益の保護の見地から判断されるものであって、単に一般消費者の利益の保護とは直接関係しない事業経営上又は取引上の観点だけからみて合理性又は必要性があるに過ぎない場合などは、正当な理由があるとはいえない。

正当な理由がある場合とは、例えば、事業者が表示等の管理上の措置として表示等の根拠となる資料等を保管していたが、災害等の不可抗力によってそれらが失われた場合などである。

第４　事業者が講ずべき表示等の管理上の措置の内容

表示等の管理上の措置として、事業者は、その規模（注１）や業態、取り扱う商品又は役務の内容等に応じ、必要かつ適切な範囲で、次に示す事項に沿うような具体的な措置を講ずる必要がある。

なお、本指針で例示されているもの以外にも不当表示等を防止する措置は存在するところ、事業者がそれぞれの業務内容や社内体制に応じて、必要と考える独自の措置を講じることも重要である。

（注１）例えば、後記５に関して、個人事業主等の小規模企業者やその他の中小企業者においては、その規模等に応じて、代表者が表示等を管理している場合には、代表者をその担当者と定めることも可能である。

１　景品表示法の考え方の周知・啓発

事業者は、不当表示等の防止のため、景品表示法の考え方について、表示等に関係している役員及び従業員（注２）（以下「関係従業員等」という。）にその職務に応じた周知・啓発を行うこと。

なお、周知・啓発を行うに当たっては、例えば、一般消費者にとって、表示等が商品又は役務を購入するかどうかを判断する重要な要素となること、その商品又は役務について最も多くの情報・知識を有している事業者が正しい表示を行うことが、一般消費者の利益を保護することになるばかりか、最終的にはその事業者や業界全体の利益となることを十分理解する必要がある。

（注２）表示等の内容を決定する又は管理する役員及び従業員のほか、決定された表示内容に基づき一般消費者に対する表示（商品説明、セールストーク等）を行うことが想定される者を含む。

２　法令遵守の方針等の明確化

事業者は、不当表示等の防止のため、景品表示法を含む法令遵守の方針や法令遵守のためにとるべき手順等を明確化すること。

なお、本事項は、必ずしも不当表示等を防止する目的に特化した法令遵守の方針等を、一般的な法令遵守の方針等とは別に明確化することを求めるものではない。また、例えば、個人事業主等の小規模企業者やその他の中小企業者においては、その規模等に応じて、社内規程等を明文化しなくても法令遵守の方針等を個々の従業員（従業員を雇用していない代表者一人の事業者においては当該代表者）が認識することで足りることもある。

３　表示等に関する情報の確認

事業者は、

3

（1）景品類を提供しようとする場合、違法とならない景品類の価額の最高額・総額・種類・提供の方法等を、

（2）とりわけ、商品又は役務の長所や要点を一般消費者に訴求するために、その内容等について積極的に表示を行う場合には、当該表示の根拠となる情報を

確認すること。

この「確認」がなされたといえるかどうかは、表示等の内容、その検証の容易性、当該事業者が払った注意の内容・方法等によって個別具体的に判断されることとなる。例えば、小売業者が商品の内容等について積極的に表示を行う場合には、直接の仕入れ先に対する確認や、商品自体の表示の確認など、事業者が当然把握し得る範囲の情報を表示の内容等に応じて適切に確認することは通常求められるが、全ての場合について、商品の流通過程を遡って調査を行うことや商品の鑑定・検査等を行うことまでを求められるものではない。

なお、事業者の業態等に応じて、例えば、小売業のように商品を提供する段階における情報の確認のみで足りる場合や、飲食業のように、提供する料理を企画する段階、その材料を調達する段階、加工（製造）する段階及び実際に提供する段階に至るまでの複数の段階における情報の確認を組み合わせて実施することが必要となる場合があることに留意する必要がある。

4　表示等に関する情報の共有

事業者は、その規模等に応じ、前記３のとおり確認した情報を、当該表示等に関係する各組織部門が不当表示等を防止する上で必要に応じて共有し確認できるようにすること。

不当表示等は、企画・調達・生産・製造・加工を行う部門と実際に表示等を行う営業・広報部門等との間における情報共有が希薄であることや、複数の者による確認が行われていないこと等により発生する場合がある。このため、情報の共有を行うに当たっては、このような原因や背景を十分に踏まえた対応を行うことが重要である。

なお、個人事業主等の小規模企業者やその他の中小企業者においては、その規模等に応じて、代表者が表示等を管理している場合には、代表者が表示等に関する情報を把握していることで足りる。

5　表示等を管理するための担当者等を定めること

事業者は、表示等に関する事項を適正に管理するため、表示等を管理する担当者又は担当部門（以下「表示等管理担当者」という。）をあらかじめ定めること（注３及び４）。

表示等管理担当者を定めるに際しては、以下の事項を満たすこと。

（1）表示等管理担当者が自社の表示等に関して監視・監督権限を有していること。

（2）表示等管理担当者が複数存在する場合、それぞれの権限又は所掌が明確であること。

4

（3）表示等管理担当者となる者が、例えば、景品表示法の研修を受けるなど、景品表示法に関する一定の知識の習得に努めていること。

（4）表示等管理担当者を社内において周知する方法が確立していること。

なお、仮に、景品表示法に違反する事実が認められた場合、景品表示法第8条の2第1項の規定に基づく勧告等の対象となるのは、あくまで事業者であり、表示等管理担当者がその対象となるものではない。

（注3）例えば、個人事業主等の小規模企業者やその他の中小企業者においては、その規模等に応じて、代表者が表示等を管理している場合には、代表者をその担当者と定めることも可能である。

（注4）表示等管理担当者は、必ずしも専任の担当者又は担当部門である必要はなく、例えば、一般的な法令遵守等の担当者又は担当部門がその業務の一環として表示等の管理を行うことが可能な場合には、それらの担当者又は担当部門を表示等管理担当者に指定することで足りる。

6　表示等の根拠となる情報を事後的に確認するために必要な措置を採ること

事業者は、前記3のとおり確認した表示等に関する情報を、表示等の対象となる商品又は役務が一般消費者に供給され得ると合理的に考えられる期間、事後的に確認するために、例えば、資料の保管等必要な措置を採ること。

7　不当な表示等が明らかになった場合における迅速かつ適切な対応

事業者は、特定の商品又は役務に景品表示法違反又はそのおそれがある事案が発生した場合、その事案に対処するため、次の措置を講じること。

（1）当該事案に係る事実関係を迅速かつ正確に確認すること。

（2）前記（1）における事実確認に即して、不当表示等による一般消費者の誤認排除を迅速かつ適正に行うこと。

（3）再発防止に向けた措置を講じること。

なお、不当表示等による一般消費者の誤認の排除に当たっては、不当表示等を単に是正するだけでは、既に不当に誘引された一般消費者の誤認がなくなったことにはならず、当該商品又は役務に不当表示等があった事実を一般消費者に認知させるなどの措置が求められる場合があることを理解する必要がある。

別添

事業者が講ずべき表示等の管理上の措置の具体的事例

別添に記載された具体的事例は、事業者へのヒアリング等に基づき参考として記載するものであり、各事業者が講じる具体的な措置は、その規模や業態、取り扱う商品又は役務の内容等に応じ、各事業者において個別具体的に判断されるべきものである。

1　景品表示法の考え方の周知・啓発の例

・　朝礼・終礼において、関係従業員等に対し、表示等に関する社内外からの問合せに備えるため、景品表示法の考え方を周知すること。

・　適時、関係従業員等に対し、表示等に関する社内外からの問合せに備えるため、景品表示法の考え方をメール等によって配信し、周知・啓発すること。

・　社内報、社内メールマガジン、社内ポータルサイト等において、景品表示法を含む法令の遵守に係る事業者の方針、景品表示法を含む自社に関わる法令の内容、自社の取り扱っている商品・役務と類似する景品表示法の違反事例等を掲載し、周知・啓発すること。

・　関係従業員等が景品表示法に関する都道府県、事業者団体、消費者団体等が主催する社外講習会等に参加すること。

・　関係従業員等に対し、景品表示法に関して一定の知識等を獲得することができるよう構成した社内の教育・研修等を行うこと。

・　景品表示法に関する勉強会を定期的に開催すること。

・　調達・生産・製造・加工部門と、営業部門との間での商品知識及び景品表示法上の理解に関する相互研修を行い、認識の共有化を図ること。

・　社内資格制度を設け、景品表示法等の表示関連法令について一定の知識を有すると認められた者でなければ、表示等の作成や決定をすることができないこととすること。

・　適正表示等のための定例的な広告審査会（複数部署が参加して表示等を相互に批評する会合）を開催すること。

2　法令遵守の方針等の明確化の例

・　法令遵守の方針等を社内規程、行動規範等として定めること。

・　パンフレット、ウェブサイト、メールマガジン等の広報資料等に法令遵守に係る事業者の方針を記載すること。

・　法令違反があった場合に、役員に対しても厳正に対処する方針及び対処の内容を役員規程に定めること。

・　法令違反があった場合に，懲戒処分の対象となる旨を就業規則その他の社内規則等に

おいて明記すること

・　禁止される表示等の内容、表示等を行う際の手順等を定めたマニュアルを作成すること。

・　社内規程において、不当表示等が発生した場合に係る連絡体制、具体的な回収等の方法、関係行政機関への報告の手順等を規定すること。

3　表示等に関する情報の確認の例

（1）　企画・設計段階における確認等

・　企画・設計段階で特定の表示等を行うことを想定している場合には、当該表示等が実現可能か（例えば、原材料の安定供給が可能か、取引の予定総額が実現可能か）検討すること。

・　景品表示法の各種運用基準、過去の不当表示等事案の先例等を参考にして、どのような景品類の提供や表示が可能なのか、又は当該表示等をするためにはどのような根拠が必要なのか検討すること

・　最終的な商品・役務についてどのような表示が可能なのか、又は当該表示をするためにはどのような根拠が必要なのか検討すること

・　企画・設計段階で特定の表示を行うことを想定している場合には、どのような仕様であれば当該表示が可能か検討すること

・　景品類を提供しようとする場合、商品・役務の販売価格や売上総額を試算し、景品関係の告示等に照らし、違法とならない景品類の価額の最高額・総額・種類・提供の方法等を確認すること。

（2）　調達段階における確認等

・　調達する原材料等の仕様、規格、表示内容を確認し、最終的な表示の内容に与える影響を検討すること

・　地理的表示等の保護ルール等が存在する場合には、それらの制度を利用して原産地等を確認すること

・　規格・基準等の認証制度が存在する場合（ブランド食材の認証マーク等）には、それらの制度を利用して品質や呼称を確認すること

・　無作為に抽出したサンプルの成分検査を実施すること

（3）　生産・製造・加工段階における確認等

・　生産・製造・加工が仕様書・企画書と整合しているかどうか確認すること

・　特定の表示を行うことが予定されている場合、生産・製造・加工の過程が表示に与える影響（「オーガニック」等の表示の可否、再加工等による原産地の変更等）を確認すること

2

・　生産・製造・加工の過程における誤りが表示に影響を与え得る場合、そのような誤りを防止するために必要な措置を講じること（誤混入の防止のため、保管場所の施設を区画し、帳簿等で在庫を管理する等）。
・　流通に用いるこん包材の表示が一般消費者に訴求する表示につながる可能性がある場合、こん包材の表示についても確認すること。
・　定期的に原料配合表に基づいた成分検査等を実施すること。

（４）　提供段階における確認等
・　景品表示法の各種運用基準、過去の不当表示等事案の先例等を参照し、表示等を検証すること。
・　企画・設計・調達・生産・製造・加工の各段階における確認事項を集約し、表示の根拠を確認して、最終的な表示を検証すること。
・　企画・設計・調達・生産・製造・加工・営業の各部門の間で表示しようとする内容と実際の商品・役務とを照合すること。
・　他の法令（農林物資の規格化及び品質表示の適正化に関する法律（ＪＡＳ法）、食品衛生法、酒税法等）が定める規格・表示基準との整合性を確認すること。
・　社内外に依頼したモニター等の一般消費者の視点を活用することにより、一般消費者が誤認する可能性があるかどうかを検証すること。
・　景品類を提供する場合、景品関係の告示等に照らし、景品類の価額の最高額・総額・種類・提供の方法等を確認すること。

４　表示等に関する情報の共有の例
・　社内イントラネットや共有電子ファイル等を利用して、関係従業員等が表示等の根拠となる情報を閲覧できるようにしておくこと。
・　企画・設計・調達・生産・製造・加工・営業等の各部門の間で、表示等の内容と実際の商品若しくは役務又は提供する景品類等とを照合すること。
・　企画・設計・調達・生産・製造・加工・営業等の各部門の間で、表示等の根拠となる情報を証票（仕様書等）をもって伝達すること（紙、電子媒体を問わない。）。
・　表示等に影響を与え得る商品又は役務の内容の変更を行う場合、担当部門が速やかに表示等担当部門に当該情報を伝達すること。
・　表示等の変更を行う場合、企画・設計部門及び品質管理部門の確認を得ること。
・　関係従業員等に対し、朝礼等において、表示等の根拠となる情報（その日の原材料・原産地等、景品類の提供の方法等）を共有しておくこと。
・　表示等の根拠となる情報（その日の原材料・原産地等、景品類の提供の方法等）を共有スペースに掲示しておくこと。
・　生産・製造・加工の過程が表示に影響を与える可能性があり（食肉への脂の注入等）、

その有無をその後の過程で判断することが難しい場合には、その有無をその後の過程において認識できるようにしておくこと。

・　表示物の最終チェックを品質管理部門が運用する申請・承認システムで行い、合格した表示物の内容をデータベースにて関係従業員等に公開すること

5　表示等を管理するための担当者等を定めることの例

(1)　担当者又は担当部門を指定し、その者が表示等の内容を確認する例

・　代表者自身が表示等を管理している場合に、その代表者を表示等管理担当者と定め、代表者が表示等の内容を確認すること

・　既存の品質管理部門・法務部門・コンプライアンス部門を表示等管理部門と定め、当該部門において表示等の内容を確認すること

・　店舗ごとに表示等を策定している場合において、店長を表示等管理担当者と定め、店長が表示等の内容を確認すること

・　売り場ごとに表示等を策定している場合において、売り場責任者を表示等管理担当者と定め、その者が表示等の内容を確認すること

(2)　表示等の内容や商品カテゴリごとに表示等を確認する者を指定し、その者が表示等の内容を確認する例

・　商品カテゴリごとに異なる部門が表示等を策定している場合、各部門の長を表示等管理担当者と定め、部門長が表示等の内容を確認すること

・　チラシ等の販売価格に関する表示等については営業部門の長を表示等管理担当者と定め、商品の品質に関する表示等については品質管理部門の長を表示等管理担当者と定め、それぞれが担当する表示等の内容を確認すること

・　社内資格制度を設け、表示等管理担当者となるためには、景品表示法等の表示等関連法令についての試験に合格することを要件とすること

6　表示等の根拠となる情報を事後的に確認するために必要な措置を採ることの例

・　表示等の根拠となる情報を記録し、保存しておくこと（注1及び2）

・　製造業者等に問い合わせれば足りる事項について、製造業者等に問合せができる体制を構築しておくこと

・　調達先業者との間で、品質・規格・原産地等に変更があった場合には、その旨の伝達を行うことをあらかじめ申し合わせておくこと

・　トレーサビリティ制度に基づく情報により原産地等を確認できる場合には、同制度を利用して原産地等を確認できるようにしておくこと

（注1）表示等の根拠となる情報についての資料の例

・　原材料、原産地、品質、成分等に関する表示であれば、企画書、仕様書、契約書等

4

の取引上の書類、原材料調達時の伝票、生産者の証明書、製造工程表、原材料配合表、帳簿、商品そのもの等

- 効果、性能に関する表示であれば、検査データや専門機関による鑑定結果等
- 価格に関する表示であれば、必要とされる期間の売上伝票、帳簿類、製造業者による希望小売価格・参考小売価格の記載のあるカタログ等
- 景品類の提供であれば、景品類の購入伝票、提供期間中の当該商品又は役務に関する売上伝票等
- その他、商談記録、会議議事録、決裁文書、試算結果、統計資料等

（注２）合理的と考えられる資料の保存期間の例

- 即時に消費される場合又は消費期限が定められている場合には販売を開始した日から３か月の期間
- 賞味期限、保証期間、流通期間、耐用年数等に応じて定められた期間
- 他法令に基づく保存期間が定められている場合（法人税法、所得税法、米穀等の取引等に係る情報の記録及び産地情報の伝達に関する法律（米トレサ法）等）の当該期間

7　不当な表示等が明らかになった場合における迅速かつ適切な対応の例

（１）　事実関係を迅速かつ正確に確認する例

- 表示等管理担当者、事業者の代表者又は専門の委員会等が、表示物・景品類及び表示等の根拠となった情報を確認し、関係従業員等から事実関係を聴取するなどして事実関係を確認すること。
- 事案に係る情報を入手した者から法務部門・コンプライアンス部門に速やかに連絡する体制を整備すること。

（２）　不当表示等による一般消費者の誤認排除を迅速かつ適正に行う例

- 速やかに当該違反を是正すること。
- 一般消費者に対する誤認を取り除くために必要がある場合には、速やかに一般消費者に対する周知（例えば、新聞、自社ウェブサイト、店頭での貼り紙）及び回収を行うこと。
- 当該事案に係る事実関係を関係行政機関へ速やかに報告すること。

（３）　再発防止に向けた措置の例

- 関係従業員等に対して必要な教育・研修等を改めて行うこと。
- 当該事案を関係従業員等で共有し、表示等の改善のための施策を講じること。

（4） その他の例

・ 内部通報制度を整備し、内部通報窓口担当者が適切に対応すること。

・ 第三者が所掌する法令遵守調査室や第三者委員会を設置すること。

・ 就業規則その他の職務規律を定めた文書において、関係従業員等が景品表示法違反に関し、情報を提供したこと又は事実関係の確認に協力したこと等を理由として、不利益な扱いを行ってはならない旨を定め、従業員に周知すること。

8 前記1から7まで以外の措置の例

・ 景品表示法違反の未然防止又は被害の拡大の防止の観点から、速やかに景品表示法違反を発見する監視体制の整備及び関係従業員等が報復のおそれなく報告できる報告体制を設け、実施すること

・ 表示等が適正かどうかの検討に際し、疑義のある事項について関係行政機関や公正取引協議会に事前に問い合わせること。

・ 表示等が適正かどうかの検討に際し、当該業界の自主ルール又は公正競争規約を参考にすること。

6

消表対第[redacted]号
令和[redacted]年[redacted]月[redacted]日

[redacted]
[redacted] 殿

消費者庁長官　[redacted]

弁明の機会の付与について（通知）

消費者庁は、貴社に対し、不当景品類及び不当表示防止法（昭和３７年法律第１３４号）第７条第１項の規定に基づく命令（以下「措置命令」という。）をすることを予定していることから、下記のとおり、行政手続法（平成５年法律第８８号）第１３条第１項第２号に規定する弁明の機会の付与を行いますので、通知します。

記

１　弁明の機会の付与
（１）　予定される措置命令の内容
別紙のとおり
（２）　弁明の方法
貴社は、前記（1）の予定される措置命令の内容について弁明しようとするときは、弁明を記載した書面（以下「弁明書」という。）及び証拠を提出することができます。
（３）　弁明書及び証拠の提出先並びに本件の照会先
〒１００－[redacted]
東京都千代田区[redacted]
消費者庁表示対策課
電話　０３－[redacted]
（４）　弁明書及び証拠の提出期限
令和[redacted]年[redacted]月[redacted]日
２　弁明に当たっての注意事項
（１）弁明書には、貴社の名称及び所在地を記載し、代表者又は代理人の記名押印をしてください。
（２）証拠を提出するときは、証明すべき事項を明らかにしてください。
（３）弁明をするにあたって代理人を選任する場合は、代理人の氏名及住所並びに当該代理人に本件の弁明に関する一切の行為をすることを委任する旨を明示した書面を提示してください。
（４）消費者庁は、特に必要があると認める場合には、口頭による弁明を認めますので、貴社が弁明書の提出に代えて、又はこれに加えて、口頭による弁明を希望する場合には、その理由を付して、令和[redacted]年[redacted]月[redacted]日までに、消費者庁表示対策課に書面により申し出てください。

2020/3/16 鶏肉における産地誤表示 | お詫び広告・謝罪広告の過去事例 | お詫び広告・謹告・商品回収（リコール）広告のおわびナビ

更新履歴 サイトマップ

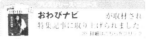

お詫び広告の総合サイト
おわびナビ
owabinavi.com

おわびナビ が取材され 特集記事に取り上げられました

お詫び広告の お問い合わせ・お申し込み

お詫び広告の出し方から、掲載までのノウハウまで、お詫び広告のことなら「おわびナビ.COM」

鶏肉における産地誤表示

掲載日時 平成19年10月31日

対 象 産地誤表示

内 容 「鶏の炭焼き」表示すべきを「地鶏の炭焼き」と表示

対 応 お詫び

お詫び

広告内容 平素は格別のお引き立てを賜り厚く御礼申し上げます。この度弊社オンラインショップにて販売いたしました「 」につきまして、「鶏の炭焼き」とすべきところを「地鶏の炭焼き」と掲載致しました。 公正取引委員会より不当景品類及び不当表示防止法第4条第1項第1号（優良誤認）の規定に違反するおそれがあるとのことで警告を受けました。このことを真摯に受け止め、今後はこのようなことがないよう、より一層のチェック体制を整えてまいる所存でございます。お客様をはじめ、関係者の皆様へ多大なご迷惑をお掛けいたしましたことに対し、深くお詫び申し上げます。

平成十九年十月卅一日
株式会社
代表取締役社長
株式会社
代表取締役社長

https://www.owabinavi.com/jirei/syokuhin/syogisou 1/2

ダイエットサプリメント等の販売を行う通信販売事業者に対する措置命令について

部局名：県民生活部
課所名：消費生活課
担当名：事業者指導担当
担当者名：[redacted]
内線電話番号 [redacted]
直通電話番号 [redacted]
Email：[redacted]

埼玉県は、令和2年3月31日、株式会社ニコリオに対し、同社が販売する「Lakubi（ラクビ）」と称するダイエットサプリメント（以下、「本件商品」という。）に係る取引について、景品表示法に違反する行為（同法第5条第1号優良誤認及び同条第2号有利誤認）が認められたことから、同法第7条第1項の規定に基づき措置命令を行いました。

行政処分の概要

1 被処分事業者

（1）名称 株式会社ニコリオ

（2）所在地 東京都世田谷区用賀四丁目10番1号

（3）設立 平成12年12月8日

（4）代表者 中上 元弘

（5）業態 通信販売（ダイエットサプリメント等）

2 措置命令の概要

（1）対象商品

「Lakubi（ラクビ）」と称するダイエットサプリメント

（2）対象表示

ア 表示の概要

（ア）表示媒体

同社が運営する公式ウェブサイト及びアフィリエイトサイト

（イ）表示内容及び表示期間

別表1から別表6のとおり（PDF：169KB）

別添写し1から別添写し9（PDF：1,679KB）

（ウ）違反の概要

a 自社ウェブサイトにおいて、「そうは言っても・・・高価なものは続けにくいですよね」、「そこで『Lakubi』は1日たった17円」等と記載するなど、あたかも、本件商品の一日当たりの購入価格が17円であるかのように表示していました。

しかし、1日当たりの購入金額17円は、本件商品の初回購入価格500円を基に計算された値であり、2回目以降の購入には適用されないものでした。（有利誤認）

b アフィリエイトサイト（注）において、「3ヶ月で7kg落ちた方法を紹介！」等と記載するなど、あたかも、本件商品を摂取することにより、容易に痩身効果が得られるかのような表示をしていました。

しかし、実際には痩身効果を得るためには本件商品の摂取のほか、食事制限（腹6分、間食禁止等）及び運動を条件としており、本件商品の摂取だけでは痩身効果を得られるものではありませんでした。（優良誤認）

（注）ブログ等のウェブサイトの運営者が広告主からの依頼により当該広告主が供給する商品の紹介、バナー広告等を当該ウェブサイトに掲載し、当該ウェブサイトを通じて広告主の商品の購入等があった場合に、当該ウェブサイトの運営者に対し、広告主から成功報酬が支払われる仕組みを有するウェブサイトをいう。

（3）命令の概要

ア 景品表示法に違反する表示を行っていたことを一般消費者に周知徹底すること。

イ 再発防止策を講じて、これを同社役員及び従業員に周知徹底すること。

ウ 今後、同様の表示を行わないこと。

年　　月　　日

消費者庁
　表示対策課長　殿

会社名

代表者　　社印

報告書作成者氏名　　印

所属部署・役職

連絡先電話番号

FAX番号

報　告　書

不当景品類及び不当表示防止法（昭和37年法律第１３４号。以下「景品表示法」といいます。）第３条等に係る調査に対し、以下のとおり報告します。

1　事業者の概要について
（1）事業者名

（2）所 在 地

（商業登記上の本店所在地）

（3）代 表 者

（4）設立年月日

（5）資 本 金

（6）従業員数

（7）事業年度

（8）事業地域

(9)　事業内容

(10)　年間売上高（直近３年間）

年度／金額	平成[redacted]年度	平成[redacted]年度	平成[redacted]年度
年間売上高（万円）	万円	万円	万円

2　貴社が実施している景品類の提供企画について

貴社が企画し、平成[redacted]年[redacted]月[redacted]日から実施している、「[redacted]」と称する商品（以下「[redacted]」といいます。）及び「[redacted]」と称する商品（以下「[redacted]」といいます。）を提供する企画（以下「本件景品提供企画」といいます。）について、以下の質問に回答してください。

(1) 本件景品提供企画の名称

(2) 本件景品提供企画の実施機関

注　実施中の場合には、始期のみ記載してください。

(3) 本件景品提供企画に係る売上高
期間：

売上：

(4)　本件景品提供企画の一般消費者への告知の方法

【記載例】

広告媒体	対象者、対象地域、配布枚数等	配布時期・表示期間等
「○○ショッピングサイト」と称する自社のウェブサイト	全国	平成[redacted]年[redacted]月[redacted]日以降
ダイレクトメール	弊社商品の中で、[redacted]以外の定期購入コースを申し込んだ上で、３回購入した顧客に対し、アンケート兼プレゼントチケットを配布。（合計[redacted]名）	平成[redacted]年[redacted]月以降随時

【記載例】

広告媒体	対象者、対象地域、配布枚数等	配布時期・表示期間等

注１　記載欄が不足する場合には、用紙を補うなどして記載してください。
注２　「広告媒体」欄には、自社ウェブサイト（サイトの名称）、ダイレクトメール、新聞折り込みチラシ等の種別を記載してください。
注３　「対象者、対象地域、配布枚数等」欄には、配布対象者、対象地域、配布枚数、配布方法等を記載してください。
注４　「配布時期・表示期間等」には、例えばウェブサイトであれば掲載から終了までの期間、ダイレクトメールや新聞折り込みチラシであれば配布した日を記載してください。
注５　各広告媒体の現物又は写し（ウェブサイトについては印刷したもの）を添付してください。

(4)　本件景品提供企画における景品の提供条件

【記載例】

(1) ○○の定期購入コースに申し込んだ上で○○を△回購入した顧客に対し、■■■■■■■■を景品として提供する旨を□□及び◆◆にて告知している。なお、景品提供時点で○○の定期購入コースを解約した場合には対象外となるので、顧客が景品を受け取るためには○○を△回購入する必要があり、その場合に顧客が支払う金額の最低額は▲▲円となる。

(2) ○○の定期購入コースに申し込んだ上で○○を△回購入した顧客に対し、(1)の企画で■■■■を選択した場合には■■■■■■■■■■■■を選択した場合には■■■■を提供する旨を□□及び◆◆にて告知している。なお、景品提供時点で○○の定期購入コースを解約した場合には対象外となるので、顧客が(1)の企画の景品とは別に追加で景品を受け取るためには○○を●回購入する必要があり、その場合に顧客が支払う金額の最低額は、(1)とは別に■■円となる。

注　あくまで記載例なので、箇条書きにするなど簡潔に回答していただいて構いません。また、関係する資料がございましたら本報告書に添付してください。

【記載例】

(5)　本件景品提供企画で提供される景品の概要

ア

製造者名：

製造者所在地：

メーカー希望小売価格：

実勢価格（注）：

本件提供企画において提供された数：

サプリメント：

製造者名：

製造者所在地：

イ

製造者名：

製造者所在地：

メーカー希望小売価格：

実勢価格（注）：定価7900円　定期コース4800円

本件提供企画において提供された数：

注「実勢価格」とは、貴社を含む販売業者が実際に販売しているおおよその価格帯をいいます。

3　本件景品提供企画の決定過程

貴社において本件景品提供企画が実施されるまでの過程（企画から最終決定までに関与した方の役職及び関与の内容）を記載してください。

4　景品表示法第7条第1項の規定に基づく必要な措置（以下「管理上の措置」といいます。）

貴社が講じている管理上の措置について、下表に具体的に記載してください。

なお、既存の資料がある場合は、当該資料の提出をもって記載に替えることができます。

事項（注）	当社における対応状況
景品表示法第４条に違反する表示（以下「不当表示等」といいます。）の防止のため、景品学の提供又は自己の供給する商品・役務についての一般消費者向けの表示（以下「表示等」といいます。）に関係する役員及び従業員（※）に対し、その職務に応じ、景品表示法の考え方の周知・啓発を行っていますか。行っている場合には具体的な取組状況を、行っていない場合にはその旨を記載してください。 ※ 表示等の内容を決定又は管理する役員及び従業員のほか、決定された表示内容に基づき一般消費者に対する表示（商品説明、セールストーク等）を行うことが想定される者を含みます。	
２　法令遵守の方針等の明確化 貴社は、不当表示等の防止のため、景品表示法を含む法令遵守の方針や法令遵守のために採るべき手順等を明確化していますか。行っている場合には具体的な取組状況を、行っていない場合にはその旨を記載してください。	
３　表示等に関する情報の確認 貴社は、本件景品提供企画において景品を提供しようとする際に、違法とならない景品類の価額の最高額・総額・種類・提供の方法等を確認しましたか。確認した場合には具体的な確認状況を、確認していない場合にはその旨を記載してください。	
５　表示等を管理するための担当者等を定めること 貴社は、表示等に関する事項を適正に管理するため、表示等を管理する担当者又は担当部門（以下「表示等管理担当者」という。）を定めていますか。 定めている場合には具体的な担当者名又は担当部門名を、定めていない場合にはその旨を記載してください。 なお、表示等管理担当者を定めるといえるためには、以下の事項を満たす必要があります。 (1)　表示等管理担当者が自社の表示等に関して監視・監督権限を有していること。 (2)　表示等管理担当者が複数存在する場合、それぞれの権限又は所掌が明確であること。 (3)　表示等管理担当者となる者が、例えば景品表示法の研修を受けるなど、景品表示法に関する一定の知識の習得に努めていること。 (4)　表示等管理担当者を社内に周知する方法が確立していること。	

事項（注）	当社における対応状況
6　表示等の根拠となる情報を事後的に確認するために必要な措置を採ること 貴社は、本件景品提供企画について、前記３のとおり確認した情報を事後的に確認するための措置（例えば資料の保管等）を採っていますか。採っている場合には具体的な対応状況（資料の保管方法・保管期間等）を、採っていない場合にはその旨を記載してください。	
7　不当な表示等が明らかになった場合における迅速かつ適切な対応 貴社が行った表示等について、景品表示法に違反又は違反のおそれがある事案が発生した場合、対応を採ることとしていますか。対応を採ることとしている場合には具体的な対応の内容を、採ることとしていない場合にはその旨を記載してください。	

注　「事業者が講ずべき景品類の提供及び表示の管理上の措置についての指針」（平成 26 年 11 月 14 日内閣府告示第２７６号）で示す事項であり、その詳細は別添の同指針記載のとおりです。

今回の質問は以上です

林田 学　Mike Hayashida,Ph.D

東京大学法学部大学院卒、法学博士。Harvard Medical School オンラインコース単位取得。大学教授、弁護士＊を経て、現在㈱薬事法ドットコム（YDC）社主、（一財）JTA（日本遠隔健康管理学会）理事長、NY財団HIF（Hayashida Intercultural Foundation）理事長。

2002年度薬事法改正のための小委員会など、政府関係委員会委員も歴任。

1995年の小林製薬㈱の通販事業を皮切りに、健康美容医療ビジネスの分野で関連法令とマーケティングをリンクさせたリーガルマーケティング®というコンサル手法でRIZAPなど成功事例をプロデュース。医療と健康美容ビジネスの融合を（一財）JTAにおいて実践（東京TMクリニック、Lag form Tokyo 表参道クリニックなど）。

著書に、『PL法新時代』、『情報公開法』（中公新書）、『最新薬事法改正と医薬品ビジネスがよーくわかる本』（秀和システム出版）、『ゼロから始める！ 4年で年商30億の通販長者になれるプロの戦略』、『健食ビジネス新時代を勝ち抜くプロの戦略 「機能性表示」解禁を、どう生かすか』（ダイヤモンド社）、『機能性表示とノウハウカルテットで4年でビリオネアへの道』、『景品表示法の新制度で課徴金を受けない3つの最新広告戦略』（河出書房新社）、『素人でもたった2年で年商1.8億円を実現した美健EC』（ダイヤモンド社）などがある。

●東京オフィス

〒160-0022　東京都新宿区新宿4-3-17 FORECAST新宿SOUTH 5階

●クリエイティブスペース

〒107-0062　東京都港区南青山2-3-3 パークコート青山402

●ニューヨークオフィス

57W 57th 4thFl NY NY10019

●林田学公式サイト

www.mhayashida.com/

●薬事法ドットコム公式サイト

https://www.yakujihou.com/

● JTA公式サイト

https://mike-jta.com/

●メールアドレス

mike185@usjri.com

＊現在、弁護士登録は辞め、弁護士活動は行っていません。

ヘルスケアビジネスのための
実録 景品表示法

2020年7月15日　第1刷発行

著者――――――――林田　学
発行所――――――ダイヤモンド社
〒150-8409　東京都渋谷区神宮前6-12-17
https://www.diamond.co.jp/
電話／03-5778-7235（編集）　03-5778-7240（販売）
装丁＆本文デザイン――エクサピーコ
製作進行――――――ダイヤモンド・グラフィック社
印刷――――――――加藤文明社
製本――――――――川島製本所
編集担当――――――花岡則夫、寺田文一

©2020 Mike Hayashida
ISBN 978-4-478-11113-0
落丁・乱丁本はお手数ですが小社営業局あてにお送りください。送料小社負担にてお取替えいたします。但し、古書店で購入されたものについてはお取替えできません。
無断転載・複製を禁ず
Printed in Japan